国高教育
GUOGAO EDUCATION

科研写作技能一站式学习与实训平台

论文写作实用教程

中级

国高教育 ◎ 编著

北京大学出版社

图书在版编目（CIP）数据

论文写作实用教程：中级／国高教育编著．
北京：北京大学出版社，2025.5．－－ISBN 978-7-301
-36047-7

Ⅰ.H152.3

中国国家版本馆CIP数据核字第2025WOJ922号

书　　　名	论文写作实用教程（中级）
	LUNWEN XIEZUO SHIYONG JIAOCHENG (ZHONGJI)
著作责任者	国高教育　编著
责任编辑	滕柏文
标准书号	ISBN 978-7-301-36047-7
出版发行	北京大学出版社
地　　　址	北京市海淀区成府路205号　100871
网　　　址	http://www.pup.cn　　新浪微博：@北京大学出版社
电子邮箱	编辑部 pup7@pup.cn　总编室 zpup@pup.cn
电　　　话	邮购部 010-62752015　发行部 010-62750672　编辑部 010-62570390
印刷者	大厂回族自治县彩虹印刷有限公司
经销者	新华书店
	880毫米×1230毫米　32开本　7.875印张　200千字
	2025年5月第1版　2025年5月第1次印刷
印　　　数	1-7000册
定　　　价	59.00元

未经许可，不得以任何方式复制或抄袭本书之部分或全部内容。
版权所有，侵权必究
举报电话：010-62752024　电子邮箱：fd@pup.cn
图书如有印装质量问题，请与出版部联系，电话：010-62756370

《论文写作实用教程》（初级、中级、高级）
图书编委会

主　编：周传虎

副主编：刘小华　邢美蓉

编　辑：岳鑫鑫　胡乐浩　施利娟　张文静　章子雪　亓　钊
　　　　姚荣霞　林含笑　宋转坤　白玉盼　徐　帅　范　炜

推荐语
Recommend

《论文写作实用教程》（初级、中级、高级）最大的特色是介绍了很多新意十足的写作理念，比如专家作者与新手作者的角色差异、输入型写作与输出型写作的不同、论证型写作与求证型写作的区别，尤其是实践导向的问题观，使该教程显著区别于大部分同类图书。

——苏新宁 CSSCI 设计者，教育部长江学者，南京大学特聘教授

《论文写作实用教程》（初级、中级、高级）主要有 3 个特点：其一，实用性，该教程有贯穿始终的主线，即指导论文写作；其二，系统性，该教程分初级、中级、高级 3 册，内容循序渐进，讲解由浅入深，指导读者在论文写作方面从入门到精通；其三，有资料价值，该教程不仅对论文写作常用标准、规范进行了必要解读，还精选了近年来发表的优秀论文给予透彻分析，具有极高的资料价值。

——张品纯 北京卓众出版有限公司总编辑、编审，《学术论文编写规则》（GB/T 7713.2—2022）国家标准起草组组长

论文写作虽无定则，但有大体规范。《论文写作实用教程》（初级、中级、高级）按照由浅入深、由初级到高级的顺序，讲授了论文写作的技巧、方法和规范，既有理论内容，又有实践内容，非常适合研究生及青年教师阅读，能够帮助他们显著提高科研能力和写作水平。

——刘曙光　《北京大学学报（哲学社会科学版）》常务副主编，全国高等学校文科学报研究会理事长

《论文写作实用教程》（初级、中级、高级）阶梯式编排，形成了"基础、进阶、高阶"三维写作理论体系。该教程以论文的全流程写作为主线，融合案例解析、模板工具和实战技巧，适合科研新人用于打基础、学术进阶者用于能力提升、高校教师用于教学参考，是论文写作领域具有重要参考价值的专著。

——魏均民　中华医学会杂志社社长兼总编辑，中国科技期刊编辑学会副理事长兼秘书长

《论文写作实用教程》（初级、中级、高级）有着清晰的结构和深入浅出的语言，系统讲解了论文从选题到发表的诸多步骤。具体而言，该教程结合大量实例，不仅逐步进阶地介绍了不同学科、不同类型论文的选题重点、结构差异、文献检索与引用方法、各部分内容的写作技巧与格式规范，还辅以初级、中级、高级能力测试试卷，帮助读者评测知识掌握程度、回顾书中要点。无论是对初涉科研工作的高

等院校的学生来说，还是对希望稳步提高研究与写作能力的青年学者来说，该教程都是其论文写作路上的得力助手。

——任胜利 《中国科学》杂志社总编辑，

《学术论文编写规则》（GB/T 7713.2—2022）国家标准主要起草人

想写出高质量的论文，需要接受专业的指导并不断实践、练习。《论文写作实用教程》（初级、中级、高级）系统且全面地解读了选题、研究设计、研究实践、数据收集与分析、结构搭建与内容填充等论文写作全过程，涵盖不同学科、类型的论文写作，内容由浅入深，既有理论指导，又有案例介绍，堪称学生、教师及研究人员必备的论文写作方面的实用教程与参考书。

——张铁明 北京林业大学期刊中心总编辑，

中国高校科技期刊研究会理事长，

《学术论文编写规则》（GB/T 7713.2—2022）国家标准主要起草人

《论文写作实用教程》（初级、中级、高级）是我近年来读过的最具系统性的论文写作指南：初级重点介绍论文写作规范、投稿/答辩技巧，为读者夯实基础；中级重点介绍论文写作实操方法、数据库检索技巧，帮助读者提升学术素养；高级直击学术研究与理论创新，覆盖论文研究与写作的全流程，带读者完成相关知识的融会贯通。该教程有着科学的阶梯式设计，堪称科研工作者必备的从入门到精通的"写作智库"。无论是学术新人，还是资深科研工作者，都有希望借助该教程突破论文写作瓶颈,持续进阶!

——刘志强 上海大学期刊社副社长,
《学术论文编写规则》(GB/T 7713.2—2022)国家标准主要起草人

《论文写作实用教程》(初级、中级、高级)是极具价值的论文写作指南,能如明灯般照亮研究者的前行道路,助力其学术写作能力的不断提高。该教程严格遵循最新的学术规范和标准进行设计与写作,系统、全面地帮助读者构建起完整的论文写作知识体系和进阶路径,能够同时满足深耕领域不同的读者的需求,具有广泛的适用性。

——刘冰 中华医学会杂志社副社长,
《学术论文编写规则》(GB/T 7713.2—2022)国家标准主要起草人

《论文写作实用教程》(初级、中级、高级)对论文写作基础知识进行了全面讲解,对论文写作基本流程进行了细致梳理,对论文写作前的选题、文献检索等工作及写作中的谋篇布局、内容安排、结构组织等工作进行了详尽阐释,建立了论文写作的底层逻辑和思维架构。相信读者能够通过阅读该教程,掌握所需要的知识、技巧,增强论文写作的底蕴、信心,提高所写论文的质量。

——梁福军 《中国机械工程学报》原副主编,
《机械工程学报》编辑部原副主任,
《学术论文编写规则》(GB/T 7713.2—2022)国家标准主要起草人

序言
Preface

《论文写作实用教程》（初级、中级、高级）即将出版。

在本教程的写作、出版过程中，国高教育的内容团队反复、多次打磨书稿，从写作阶段的消除口语化问题，到编校阶段的逐字逐句勘误，再到准备付梓阶段的邀请专家、学者鼎力推荐，相关人员付出了极大的心血。我们真诚期待本教程出版后，能够成为广大读者在论文写作过程中的良师益友。

国高教育从事论文写作教育培训13年，一路披荆斩棘地谋求发展、壮大，回首过去，我们内心五味杂陈。培训工作中，我们既经常为学员成功发表论文或通过论文答辩而由衷地高兴，又经常为学员未能得到论文发表机会或未能通过论文答辩而忧心、焦虑。我们与学员的目标是一致的，都希望相关论文能够顺利地通过审核、最大程度地发挥其价值。

无可回避的是，虽然我们的服务口号是"让天下没有难写的论文"，但是对正在论文写作过程中艰难探索的学员而言，很多具体的困难是客观存在的、无法忽视的。这些困难的存在及学员提出的针对性极强的意见，是我们的培训课程多次迭代的强大动力。如今，国高教育已经成为科研写作培训行业内的头部企业，影响力和知名度都在快速提升，得到了越来越多研究人员及高校师生的认可，这是对我们最大的慰藉。

很多时候，我会觉得我国的论文写作教育发展得实在是太慢了。2014年，我们第一次讲论文写作公开课的时候说，希望有更多高校教师和行业同仁，尤其是已经突破了论文写作瓶颈的高校教师和行业同仁，能够多站出来讲讲论文写作。但时至2025年，仍然有很多高校教师和行业同仁觉得与学术研究相比，论文写作不上档次，讲相关课程不如讲专业课能够展现自己的实力。如今，清华大学、哈尔滨工业大学、上海交通大学等名校已经在论文写作相关课程的建设方面做出了积极探索，但整体而言，国内高校在论文写作实操层面的教育教学探索非常有限，这种情况的直接后果是高校教师以为自己会写论文，学生也会写论文，学生也以为自己会写论文，但实际上这只是假象和错觉，真正面对论文写作时，太多人笔下无言。

我们以前会把出现这种情况的原因归结为古代"重道轻术"传统的不良影响、高校科研急功近利的不良趋势，以及大众分不清"学习"与"研究"的普遍状态。但最近，我们发现原因没这么简单，国内的高等教育课程体系的设置逻辑很可能出了问题，比如，通识性的语言课程、逻辑课程、思维课程、审美课程是缺失的。相关通识性课程的缺失，抽空了论文写作的培养基础，而所谓的"技巧"，并没有大家想象的那样有用。我们一向反对对写作技巧的过度追捧，因为写作技巧不难学习与掌握，很难在短时间内悟透的是写作技巧背后的逻辑与思维过程。

序　言

　　国高教育 13 年论文写作教育培训课程的精髓是"理论与实践的循环",这同样是本教程的精华,具体而言,就是"论文写作前,从实践中来;论文写作中,理论为实践服务;论文写作后,到实践中去"。在论文写作实操中,将理论与实践结合好的难度非常大:一方面,很多硕士、博士毕业后直接进入高校担任教师的作者对实践的了解太少,做不到让自己的论文选题"从实践中来",更做不到让自己的论文在写作后"到实践中去",这样的论文,在理论指导实践、实践反哺理论的深度方面是有劣势的;另一方面,很多在各行业内工作多年的作者"理论指导实践"的能力较差,从反方向制约着论文研究与写作的质量。国高教育的论文写作教育培训课程和本教程的核心内容都是建立在"打通理论与实践的循环"的基础上的,没有这个前提,很多写作观念、操作建议的作用会大打折扣。

　　在本教程的内容设计方面,初级教程侧重介绍论文的形式,重点回答了"什么是论文",非常适合刚接触论文写作的学者阅读,帮助相关读者从了解论文写作的形式规范开始,夯实基础,逐步进阶;中级教程侧重介绍论文的逻辑,重点回答了"论文为什么是这样的",非常适合正在尝试探索论文写作逻辑,不满足于"知其然",在追求"知其所以然"的学者阅读,帮助相关读者从获得"鱼"到获得"渔(的方法)",稳步提高论文研究与写作的能力;高级教程侧重介绍论文写作的观念,以优秀选题为例,延伸介绍了大量的实操性内容,重点回答了"优秀论文有哪些特点",非常适合学术基础良好的学者、讲授论文写作课程的高校教师、研究论文写作的同行阅读,帮助相关读者将知识融会贯通，显著提升论文写作素养。

高级教程中的很多论文写作观念是我们迫切希望通过本教程传播、推广的，期待读者和我们一起努力，共同助力我国论文写作教育事业的发展与进步。

各级教程正文内容后的测试题是论文写作能力、论文写作指导两项技能证书课程考试的样题，对更多试题感兴趣的读者可以关注题库"www.xueshuxiezuo.com"。

在本教程的写作、出版过程中，很多前辈、同仁给予了我们无私的帮助。

我们要真诚感谢公司特聘的首席专家、南京大学的苏新宁教授，感谢《学术论文编写规则》（GB/T 7713.2—2022）国家标准起草组的张品纯组长和任胜利、张铁明、刘志强、刘冰、梁福军等主要起草人，感谢中华医学会杂志社的魏均民社长和《北京大学学报（哲学社会科学版）》的刘曙光常务副主编，他们的鼎力推荐为本教程增色良多。

我们要特别感谢北京大学出版社的魏雪萍主任。是因为有魏主任的如炬慧眼，才有了本教程的出版。魏主任不仅早在2023年冬天就联系到我们，商讨本教程的选题，还在书稿编辑过程中付出了大量的心血，帮助本教程有了更高的质量和更大的价值。此外，还要感谢胡利国、李凌、王烽、郭会平、滕柏文等专家与编辑，在本教程的出版过程中，他们不厌其烦地与我们沟通、优化图书选题、结构，以及无数行文细节，让我们感受到了北京大学出版社的严谨与专业。

序　言

我们要衷心感谢13年来国高教育的10万余名学员、200余万线上粉丝，他们参加培训时的认真、写作时的严谨、论文发表后的喜悦……种种场景，历历在目、恍如昨日。此外，还要感谢13年来曾给予国高教育各种批评、意见、建议的朋友，与学员、粉丝群体的支持一样，这些反馈也为我们的不断努力提供了宝贵的动力。

当然，我们更要感谢公司的所有员工和他们的家属。包括我和我的妻子杜海霞博士、我们的两个女儿在内，公司150余名员工及其家属日日夜夜、一点一滴、默默无闻地支撑着公司的发展。

最后，我们要对每一位正在写论文、需要写论文的人说："如果你是一名学生，请告诉自己，论文写作是一项技能，需要学习才能掌握；如果你是一名教师，请告诉你的学生，论文写作是一项技能，需要学习才能掌握；如果你是科研写作培训领域的我们的同行，请告诉你的学员，论文写作是一项技能，需要学习才能掌握。"

之所以不断重复"论文写作是一项技能，需要学习才能掌握"这句话，是因为这个十分简单的道理我们已经对无数人讲了13年，仍觉一己之力、一家公司之力的有限。我们相信，当这一观念被大部分人接受的时候，"天下没有难写的论文"这一期待会成为现实！

《论文写作实用教程》（初级、中级、高级）图书主编

山东国高教育集团创始人

周传虎

2025年5月于山东济南

目录

01 Chapter 论文写作的理解 ... 001
一、论文写作的两个必要阶段 ... 002
二、论文写作的 3 个显性要素 ... 003
三、论文写作的 6 个隐性要素 ... 003
 （一）选题阶段 ... 004
 （二）撰写初稿阶段 ... 004
 （三）修改未定稿阶段 ... 005

02 Chapter 论文写作的过程 ... 007
一、论文写作的常见过程 ... 008
 （一）选题阶段 ... 008
 （二）想写阶段 ... 009
 （三）真写阶段 ... 009
 （四）贯穿全流程的"文献先行" ... 010
二、论文写作的规范过程 ... 011
 （一）选题阶段 ... 012

（二）写作阶段 012
　　（三）适时进行"文献检索与阅读" 013
三、论文写作的实际推进 014
　　（一）两种选择 014
　　（二）短期策略 015

03 Chapter 论文写作的态度 016

一、不同作者的写作差异 017
　　（一）写作思路差异 017
　　（二）写作策略差异 018
二、论文写作的基本立场 019
　　（一）学术性 020
　　（二）世界性 020
　　（三）跨学科 020
　　（四）客观性 020
　　（五）坚持"四个统一" 021
　　（六）以问题为中心 021
三、论文写作的观念转变 021
　　（一）读者观念：从"作者"到"读者" 022
　　（二）过程观念：从"结果"到"过程" 022
　　（三）技能观念：从"理论知识"到"实用技能" 023
　　（四）对话观念：从"表达"到"对话" 023
　　（五）科学观念：从"主观"到"客观" 023
　　（六）规范观念：从"迷宫探路、盲人摸象"到"有章可循、按部就班" 024

04 Chapter 论文选题的动态逻辑 025

一、论文选题的要素 026
（一）论文选题的 3 个要素 026
（二）论文选题的要素联系 026
（三）论文选题的要素实例 027

二、论文选题的内部动态性 028
（一）单一要素的动态明确 028
（二）各要素之间的动态过渡 029
（三）各要素之间的动态匹配 029

三、论文选题的外部动态性 030

05 Chapter 论文选题的实操过程 033

一、研究主题的确定 034
（一）研究主题的界定 034
（二）研究主题的逐步明确 034
（三）研究主题的实例 035

二、研究问题的提出 036
（一）研究问题的界定 036
（二）研究问题的性质 036
（三）研究问题的确定 038

三、研究方法的选择与研究框架的设计 040

06 Chapter 论文选题的实例 042

一、实验论文的选题实例 043
（一）选题实例一 043

（二）选题实例二 044
二、思辨论文的选题实例 045
　　（一）选题实例一 045
　　（二）选题实例二 046
三、实证论文的选题实例 047
　　（一）选题实例一 047
　　（二）选题实例二 048

07 Chapter 思辨研究的范文分析与论文写作结构 049

一、思辨研究的主体思维 050
二、思辨研究的范文分析 050
　　（一）使用比较研究方法研究、写作的论文 051
　　（二）使用综述研究方法研究、写作的论文 052
　　（三）使用史料考证研究方法研究、写作的论文 ... 053
　　（四）使用人文评论研究方法研究、写作的论文 ... 054
三、思辨论文的写作结构总结 055

08 Chapter 量化研究的范文分析与论文写作结构 058

一、量化研究的主体思维 059
二、量化研究的范文分析 059
　　（一）使用问卷调查法研究、写作的论文 059
　　（二）使用回归分析法研究、写作的论文 061
　　（三）使用实验法研究、写作的论文 062
　　（四）使用数学模型法研究、写作的论文 062
三、量化研究论文的写作结构总结 064

目 录

Chapter 09 质性研究的范文分析与论文写作结构 066

- 一、质性研究的主体思维 067
- 二、质性研究的范文分析 067
  - （一）使用扎根理论研究、写作的论文 068
  - （二）使用案例研究方法研究、写作的论文 069
  - （三）使用民族志研究方法研究、写作的论文 070
  - （四）使用深度访谈研究方法研究、写作的论文 071
- 三、质性研究论文的写作结构总结 073

Chapter 10 常用数据库与检索技巧 074

- 一、国内常用的数据库 075
- 二、国外常用的数据库 075
- 三、文献检索的实用技巧 076
  - （一）善用中国知网的句子检索功能 076
  - （二）善用 WPS 的查找替换功能 080
  - （三）使用文献跟踪工具 080
  - （四）使用文献管理工具 081
  - （五）优化检索词 081

Chapter 11 文献检索与引用 083

- 一、论文选题创新性的依据 084
  - （一）研究主题的确定 084
  - （二）研究方法的选择 084
  - （三）选题创新性的整体判断 085
- 二、论文框架科学性的依据 085
  - （一）文献辅助建立理论框架的实例 086

（二）文献辅助建立方法框架的实例 088
　三、论文内容客观性的依据 090

Chapter 12 文献引用的查重与降重 092

　一、文献引用的查重及其层次 093
　　（一）论文重复率的出现原因 093
　　（二）关于查重的争议 095
　二、文献引用的降重及其层次 097
　　（一）重复率安全线 097
　　（二）降重的层次 097
　　（三）降重建议 098
　三、查重与降重的实例 100

Chapter 13 引言写作的逻辑结构 102

　一、引言写作的思维过程 103
　二、引言写作的逻辑结构 104
　三、引言写作逻辑的动态性 106
　　（一）差异性 106
　　（二）变化性 106
　　（三）整体性 107
　　（四）灵活性 107

Chapter 14 引言逻辑的范文分析 109

　一、自然科学与工程技术实验论文的引言逻辑 110
　二、人文社会科学思辨论文的引言逻辑 112
　三、人文社会科学实证论文的引言逻辑 114

15 主体写作的逻辑结构 116
一、主体写作的思维过程 117
二、主体写作的逻辑结构 118
（一）完整性 118
（二）科学性 119
三、主体写作逻辑的动态性 120

16 主体逻辑的范文分析 122
一、自然科学与工程技术实验论文的主体逻辑 123
二、人文社会科学思辨论文的主体逻辑 124
三、人文社会科学实证论文的主体逻辑 125
（一）量化研究论文的主体逻辑 125
（二）质性研究论文的主体逻辑 126

17 结论写作的逻辑结构 128
一、结论写作的思维过程 129
二、结论写作的逻辑结构 129
（一）结论需要解决的两个问题 130
（二）结论写作的逻辑 130
三、结论写作逻辑的动态性 131

18 结论逻辑的范文分析 134
一、自然科学与工程技术实验论文的结论逻辑 135
二、人文社会科学思辨论文的结论逻辑 135
三、人文社会科学实证论文的结论逻辑 137

Chapter 19 标题的逻辑结构与范文分析 ……………… 140
一、标题写作的逻辑结构………………………………141
二、标题创新性的提炼与呈现…………………………142
三、标题逻辑的范文分析………………………………144

Chapter 20 摘要的逻辑结构与范文分析 ……………… 148
一、摘要写作的逻辑结构………………………………149
二、摘要写作的人称问题………………………………150
三、摘要逻辑的范文分析………………………………151
　（一）自然科学与工程技术实验论文的摘要逻辑………151
　（二）人文社会科学思辨论文的摘要逻辑………………153

Chapter 21 关键词的逻辑结构与范文分析…………… 155
一、关键词写作的逻辑结构 ……………………………156
二、关键词的有效性问题………………………………156
三、关键词逻辑的范文分析……………………………159

Chapter 22 参考文献的逻辑结构与范文分析………… 161
一、参考文献写作的逻辑结构…………………………162
　（一）参考文献的存在意义………………………………162
　（二）参考文献的写作顺序………………………………163
　（三）参考文献的独立性…………………………………164
二、参考文献的引用原则………………………………164
三、参考文献逻辑的范文分析…………………………166

23 附加信息的逻辑结构与范文分析 168

一、附加信息写作的逻辑结构 169
二、附加信息的写作技巧 170
 （一）学位论文附加信息的写作技巧 170
 （二）期刊论文附加信息的写作技巧 170
三、附加信息逻辑的范文分析 172

24 论文写作的逻辑分析 174

一、逻辑及其类型 175
 （一）逻辑的类型 175
 （二）辩证逻辑的 3 个基本原则与 5 个维度 176
二、论文写作的逻辑结构 176
 （一）论文写作的第一逻辑 177
 （二）论文写作大逻辑的要素分析 177
三、论文写作的逻辑运用 178

25 论文写作的批判性思维 181

一、思维与批判性思维 182
 （一）思维及其类型 182
 （二）批判性思维及其技能 183
二、选题阶段的批判性思维 184
三、写作阶段的批判性思维 185

附录 Appendix

论文写作能力（中级）试卷 **187**
　一、判断题..187
　二、单选题..190
　三、多选题..208

Chapter 01 第一章

论文写作的理解

论文写作包含撰写初稿与修改未定稿两个必要阶段。撰写初稿重在构建形式结构与梳理逻辑要素，写得符合规范即可；修改未定稿则不仅需要深化专业知识，还需要优化语言表达与逻辑推理等细节，力求将论文写成佳作。

想写出优秀的论文，不仅需要关注研究问题、研究方法、研究结论3个显性要素，还需要关注公共关怀、学术立场、专业知识、技术过程、语言表达、逻辑推理6个隐性要素，这些要素在选题、撰写初稿、修改未定稿等各阶段均需要得到不同程度的优化。

一

论文写作的两个必要阶段

我们常说"写论文",写的其实不是"论文",而是"论文初稿"。完成论文初稿的写作后,需要不断修改,修改的是"论文未定稿"。也就是说,完整的论文写作应该包括两个必要阶段:一个是撰写初稿,另一个是修改未定稿。

在写作阶段,完成的是"初稿";经修改阶段,完成的是"定稿"——这一观点是常识,没有人提出过异议。但是,很多人会在写论文的时候忽视这个常识,表现为总想着在论文初稿的写作阶段将论文"写定",奢求毕其功于一役。

从理论上讲,既然撰写初稿和修改未定稿是论文写作的两个必要阶段,那么我们就不应该在撰写初稿时对论文质量提出过高的要求,而应该通过修改未定稿来优化论文,不断提高论文写作质量。很多人写完论文初稿后,不愿意一次次修改、优化,这是非常错误的写作态度。

实际操作中,我们应该将对论文写作提出的质量要求拆分入两个阶段。在撰写初稿阶段,将写作重心放在定好论文的形式结构与逻辑要素上,将撰写初稿的质量要求定为"标准"且"规范",即论文初稿只要符合标准、写得规范就可以了;在修改未定稿阶段,将修改重心放在专业知识的勘误、学术语言表达的优化、逻辑推理的严谨化等细节问题上，即通过修改打造一篇"好论文"。

逐步提高质量要求是很有必要的，因为如果我们在撰写初稿阶段就追求"好论文"，试图一步到位，会提高论文初稿的写作难度，甚至导致一开始就想放弃，内耗严重。

二 论文写作的3个显性要素

在《论文写作实用教程（初级）》（以下简称"初级教程"）中，我们讲过，论文有3个必备的显性要素，分别为研究问题、研究方法、研究结论。具体来说，研究问题是论文作者提出的一个有价值的问题；研究方法是论文作者研究目标问题时使用的科学的方法；研究结论是论文作者通过研究得出的创新性结论。写论文的时候，这3个显性要素是必备的，缺一不可。

三 论文写作的6个隐性要素

除了3个显性要素，论文写作还有6个隐性要素，分别为公共关怀、学术立场、专业知识、技术过程、语言表达、逻辑推理。这6

个要素是隐性的，不容易从形式结构上看出来，但是在论文选题、撰写初稿与修改未定稿的过程中，这6个要素是必不可少的。

（一）选题阶段

在选题阶段，我们要重点考虑公共关怀和学术立场。

第一个要素是公共关怀，即选题要关注公共性实践难题、理论困惑。公共性的程度有大有小，比如我们可以关注民生问题，也可以关注自己所在学科领域内部的共性问题。

第二个要素是学术立场，即在选题阶段，我们要解决论文的学术性问题。如果目标问题是实践问题，要完成实践问题的理论化；如果目标问题本身就是理论问题，要有理论突破、理论创新，以便让论文更具学术性。

（二）撰写初稿阶段

在撰写初稿阶段，我们要重点考虑专业知识和技术过程。

第一个要素是专业知识，即在撰写初稿阶段，我们要使用专业知识解释理论问题、解决实践难题，为读者提供深刻的见解和有用的信息。专业知识包括专业的理论和专业的方法，学术论文要使用专业知识来构建论文结构、推动论文写作，尽量避免通篇白话的情况出现。

第二个要素是技术过程，即我们要依托理论框架与研究方法进行技术性写作。如果我们做的是实证研究，那么写作的理论框架取决于我们选择的研究方法，使用不同的研究方法，论文的谋篇布局是不同的；如果我们做的是思辨研究，那么使用的研究方法取决于我们选择的理论框架，比如，我们要在论文中对一个问题进行分析、解释，A 理论认为这个问题包括 3 个方面，B 理论认为这个问题包括 5 个方面，使用 A 理论还是 B 理论，决定着论文主体的"分析问题"部分是 3 个子部分还是 5 个子部分。

（三）修改未定稿阶段

在修改未定稿阶段，我们要重点考虑语言表达和逻辑推理。

第一个要素是语言表达。提高语言表达水平，要做到理性与感性兼具。前文提到，在选题阶段，作者要关注的要素之一是公共关怀，而在撰写初稿阶段，作者要关注的要素之一是专业知识，这是一个矛盾点——专业知识往往非常枯燥、晦涩，公共关怀则需要投入情感。如何使用专业知识、学术语言阐释公共问题呢？解决方法是在论文学术语言的表达上做到"理性与感性兼具"，理性主要通过专业知识、学术语言呈现，感性则主要通过公共关怀体现。

注意，平衡语言表达的理性和感性的关系是修改未定稿阶段的难点之一。如果将论文修改得过于专业，会导致论文晦涩难懂，不容易阅读；如果将论文修改得过于通俗，会导致论文内容流于表面，深度不足。

第二个要素是逻辑推理，即通过完善推理逻辑，确保论证过程严谨、规范。大到框架设计，小到段落、句子，甚至句子内部的分句和分句之间的承接,都要非常严谨。

相比较而言,6个隐性要素的优化难度比3个显性要素的写作难度大得多。如果我们的论文只将3个显性要素写好了,那么至多称得上是一篇完整的论文;如果想让我们的论文成为一篇优秀的论文,必须关注且下功夫优化好6个隐性要素。

注意,这些隐性要素并非必然在某个阶段出现,从选题到撰写初稿,再到修改未定稿,要全程关注这些隐性要素。

Chapter 02 第二章

论文写作的过程

　　论文写作通常要经历从选题到写出（论文）的多个阶段，其中，虽然检索并阅读文献至关重要，但是依靠个人的知识储备和研究经验确定研究方向和论文框架的过程是必不可少的。仅在细节不明时辅以文献检索与阅读，能够避免出现过度依赖文献导致思路受限的问题。

　　此外，如果想在知识储备和研究经验不足的情况下写好论文，作者需要平衡好知识积累、研究经验的不足与写作要求的急切之间的关系，合理应用论文写作策略，灵活应对论文写作的挑战。

一 论文写作的常见过程

论文写作的常见过程如图 2-1 所示。从选题到写出（论文），至少有 4 个阶段，而检索文献是贯穿全流程的行为。

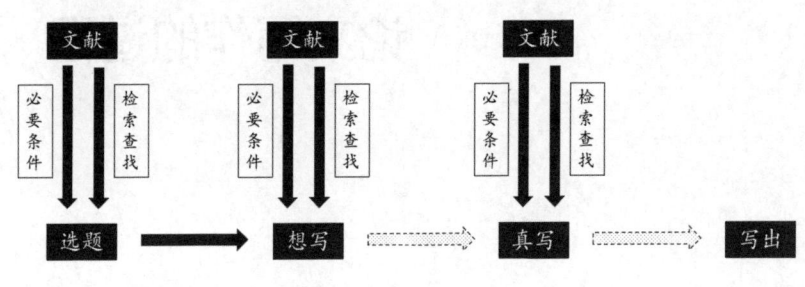

```
[文献]              [文献]              [文献]
 ↓   ↓              ↓   ↓              ↓   ↓
必要 检索           必要 检索           必要 检索
条件 查找           条件 查找           条件 查找
 ↓   ↓              ↓   ↓              ↓   ↓
[选题] ──→ [想写] ⇢⇢⇢ [真写] ⇢⇢⇢ [写出]
```

图 2-1

接下来分别对选题阶段、想写阶段和真写阶段进行介绍，并剖析为何各阶段均是"文献先行"。

（一）选题阶段

着手写论文前，必须有明确的论文选题。

在选题阶段，绝大部分作者的第一个行为是打开文献数据库进行检索，看看围绕自己心中的选题雏形，目前已有哪些文献。

在这一阶段，检索文献的动机是复杂的，有些作者的检索重点是看自己的目标选题有没有人写过，还有些作者的检索重点是全面了解与自己的目标选题有关的参考文献。对很多作者而言，如果不检索文献，很难明确自己的目标选题的研究现状；如果不参考足够多的已发表的文献，很难将自己的论文写得全面、出众。因此，在论文写作的选题阶段，很多作者是离不开文献检索与浏览的。

（二）想写阶段

确定选题后，想着手写论文的时候，绝大部分作者的第一个行为还是打开文献数据库进行检索。此时检索到相关文献后，大部分作者不仅会浏览，还会详细阅读其中的观点、论据，以便找到写作突破口，解决无话可说的问题。

这一阶段需要特别注意的是，不要陷入学术不端的泥潭。很多学术不端问题是无意中出现的——很多作者并不是故意抄袭，只是在自己准备写论文的时候觉得无话可说，想看一看别人是怎么写的，但看得多了，下笔时会不自觉地摘抄很多别人写的内容，且随着论文越写越长，渐渐忘了哪些内容是自己写的、哪些内容是别人写的，写完后查重，才发现重复率非常高。

因此，大家在阅读文献时，一定要严格控制住自己复制、粘贴的冲动。

（三）真写阶段

经过了想写阶段，真正动笔写论文的时候，很多作者依然会经常打开文献数据库进行检索，看看别人的作品。这样做，一方面是因为知识积累有限，有时会遇到词穷、某个知识点想不透等问题；

另一方面是因为不自信或过于追求完美，想对标优秀论文，写出质量尽可能高的作品。

参考优秀论文，精益求精，这种做法本身没有问题，需要注意的是要分清参考、借鉴和抄袭，避免陷入学术不端的泥潭。

（四）贯穿全流程的"文献先行"

在离不开文献检索、浏览与阅读的选题、想写、真写过程中，很多作者完成了论文写作工作，写出了自己的论文。将这一过程梳理出来后，大家不难发现，很多作者的论文写作像是在文献的驱动下完成的——写什么，自己决定不了，因为需要去看别人在写什么；怎么写，自己也决定不了，因为需要去看别人是怎么写的。

每遇到一个问题，都想看看别人是怎么做的，这是典型的"文献先行"的做法。

我们在初级教程中讲过，对不同水平的作者而言，研究与写作的关系是不一样的。对专家作者而言，可以先看文献，再做研究，最后写论文，但是对新手作者而言，这种做法并不实用，可能会给论文的选题与写作带来极大的干扰。

根据经验，在"文献先行"的过程中遇到的问题越多，论文写作的推进过程越艰难。一个典型的表现是，很多新手作者的写作思路会在检索与阅读文献的过程中被文献带偏，阅读的文献越多，越不知道应该写什么。此外，检索文献时，绝大多数情况不是刚好检索到数量不多不少的文献，而是要么文献太多，觉得读不完，要么文献太少，甚至没有文献，觉得选题选错了。

整体而言，"文献先行"不是一个普适的好方法，想写出优秀的论文，最好遵循论文写作的规范过程。

二、论文写作的规范过程

论文写作的规范过程如图 2-2 所示。在规范的论文写作过程中，检索文献行为依然在选题、写作等各阶段存在，但并非始终占据主体地位。

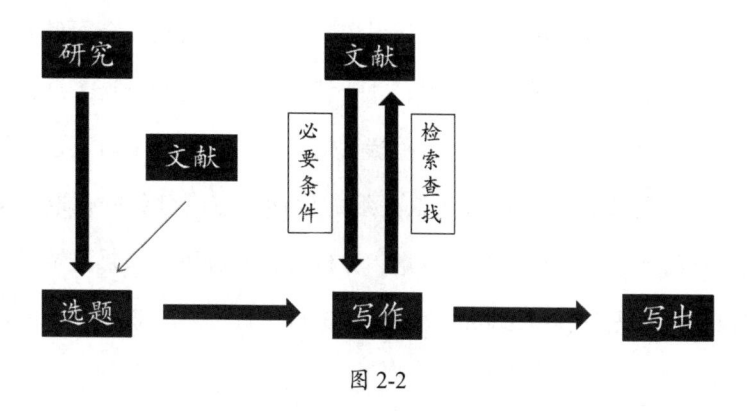

图 2-2

接下来分别对选题阶段、写作阶段进行介绍，并详细讲解具体应该在什么时候检索、阅读文献。

（一）选题阶段

在选题阶段，文献应该起辅助作用，而非决定作用。也就是说，选题时，不检索与阅读文献，也应该有方向和思路。

既然文献不起决定作用，那么，起决定作用的是什么呢？是研究。如果我们对一个问题有所思考和积累，完全可以调用自己的知识储备进行选题，而非依赖文献数据库中的文献。

（二）写作阶段

提出并确定了研究问题，选择了研究方法后，我们就可以开始论文写作了。

以选择深度访谈研究方法为例，在写作阶段，我们应该重点关注如何设计访谈提纲、寻找访谈对象、获取访谈资料，全面考虑应该使用什么方法分析访谈资料，并按计划展开分析——这个过程，并不需要检索与阅读文献。着手撰写初稿时，以上整个研究过程都是我们的写作内容，比如访谈提纲的设计、访谈对象的选取、访谈时长的调整、获取资料的数量、分析资料的流程。如果要做三级编码，可以先对各级编码的表格内容进行呈现，再对表格内容进行解释。

如此梳理一遍，大家可以发现，"不知道应该写什么"的情况是不存在的。

（三） 适时进行"文献检索与阅读"

那么，究竟什么时候需要检索与阅读文献？

具体到某个细节问题，需要确认研究方向和研究思路的正确性时，建议大家及时检索与阅读文献。

比如，访谈法是否适用于研究目标问题？在答案不明确的时候，我们需要及时确认访谈法适用于研究什么问题、不适用于研究什么问题。对上述问题的答案的确认需要有科学依据，因此，我们需要检索与阅读文献中对访谈法的研究和解释。如果发现访谈法不适用于研究我们的目标问题，那么，我们需要及时止损，立刻更换研究方法推进研究过程。

再如，选择访谈对象时，我们是应该选择 10 个人进行访谈，还是应该选择 30 个人进行访谈？这是一个细节问题。在答案难以确定时，我们可以检索并阅读相关文献，看看相关文献的访谈对象的平均数量。若大部分相关文献的访谈对象是 20 个人，我们便可以由此确定访谈对象的数量为 20。更理想的情况是，我们通过检索并阅读文献找到了确定访谈人数的科学依据，能更精准地解决这个细节问题。

由此可见，虽然检索并阅读文献对论文写作来说是必不可少的，但这并不意味着检索并阅读文献贯穿论文写作全流程——面对事关全局的选题方向、写作框架时，我们需要更多地依托自己的知识储备和研究经验完成研究与写作；面对答案不明的细节问题时，我们才需要有针对性地检索并阅读文献，确认研究方向和研究思路的正确性。

对比论文写作的规范过程和常见过程，可以发现规范过程比常见过程简单、清晰，主要区别在于常见过程是"文献在前，研究和写作在后"，是由文献驱动的；规范过程是"经验和推理在前，文献在后"，是由经验和思考驱动的，文献只起辅助作用。

三、论文写作的实际推进

除了检索与阅读文献所占比重和重要性的不同，论文写作的规范过程和常见过程相比，还有一个明显的不同在于作者的知识储备和研究经验的丰富程度不同。按规范过程推进论文写作，对作者的知识储备和研究经验的要求很高。

（一）两种选择

如果我们对某个问题研究得非常充分、思考得非常深入，我们的选题和写作无疑会非常顺利。与之对应，如果在着手进行论文写作之前，我们对相关问题研究得不够充分、思考得不够深入，我们的选题和写作都会不同程度地受阻。

在研究得不够充分、思考得不够深入的情况下，我们有两种选择。从长期来看，我们需要暂时放下论文写作计划，返回去多做研究、多读文献、多积累材料，先将知识储备和研究经验丰富到一定程度，再计划着写论文；从短期来看，很多作者没有充足的时间返回去做扎实的长期研究，即我们理应返回去做研究，但是现实条件不允许，怎么办？这种时候，我们可以考虑采取短期策略。

（二）短期策略

首先，在写作之前，学习、掌握论文写作的形式规范，即明确论文应该写成什么样子、掌握论文写作的规范性要求，比如，引言占多大规模、结论占多大规模、摘要占多大规模。

其次，在写作过程中尝试仿写，比如，找到一篇高质量的范文，重点关注范文的写作形式与细节逻辑。对仿写而言，范文的质量非常重要。

最后，在写完论文初稿后，反复修改、优化，不断提高论文的写作质量。

注意，没有人能够否认论文写作应该建立在厚积薄发的研究基础之上，但是我们要认识到，论文写作受制于很多现实条件，有时，我们确实无法采取长期策略完成论文写作。比如，一个博士生，已经读到了博士四年级，这个时候跟他说："放下论文写作计划，返回去，先多做研究、多读文献、多积累材料，再写论文。"他大概只有延期毕业一条路可走了。这个时候，采取短期策略不失为一种快速充实知识积累、提高写作水平的选择。

Chapter 03 第三章

论文写作的态度

论文的作者不同,写作思路、策略随之不同,比如,专家作者有深厚的研究基础,写作时应以论证观点为主;新手作者的知识水平有限,更应该通过提出假设、博采众长来逐步深入问题核心,在学习、输入知识的同时进行写作、输出。

不过,论文写作的学术性、世界性、跨学科、客观性特点不随作者不同而不同,不管是专家作者还是新手作者,均应坚持"四个统一",以问题为中心进行研究。与此同时,写作时,作者需要从读者的需求出发,重视过程控制,使用正确的研究方法,适时与读者进行对话,客观、科学地推进研究,并遵循明确的规范与逻辑,争取高效、顺畅地完成写作。

一 不同作者的写作差异

根据知识积累的丰富程度和写作能力的高低，我们可以笼统地将论文作者分为两类：一类是专家作者，指在学科领域内有较高学术地位的专家级学者；另一类是新手作者，指在学科领域内影响力不大，或者初入科研大门的青年学者、本/硕/博学生。

对比专家作者和新手作者，主要有两方面的差异：一方面是他们在自己钻研的学科领域内部的知识积累、研究经验的丰富程度不同；另一方面是他们推进论文写作时采取的策略不同。

（一）写作思路差异

对专家作者而言，论文写作是建立在充分、深厚的学术研究基础之上的，因为他们有非常扎实的专业功底和长期的研究与观察经历，所以面对自己的目标研究问题，他们往往有独到的学术观点。不管使用什么研究方法、做什么类型的研究，对专家作者而言，他们的论文写作多以论证自己的观点的科学性与正确性为主——论文推进的过程，与论证自己的观点的科学性与正确性的过程高度吻合。

相对而言，新手作者的研究与观察经历少得多，学术研究基础也往往比较薄弱，很可能对自己的目标研究问题缺少可靠的判断。

有时，即使新手作者对某个问题有自己的明确的观点，这些观点的可靠性也不是很高。在这种情况下，新手作者不能像专家作者那样以论证自己的观点的科学性与正确性为主要目的完成论文写作，因为观点本身可能是不正确的。提出假设，博采众长，逐步深入问题核心是新手作者的正确的论文写作思路。

（二）写作策略差异

理论上，在学术研究基础不扎实的时候，应该踏踏实实地做研究，不要急着写论文。换句话说，先做好研究，再写论文是正确的研究与写作顺序。

不过，对很多新手作者而言，这种理想的写作顺序无法满足他们的真实处境对应的需求，有太多的现实原因驱动着他们必须在研究未做好的情况下写论文。

从写作重心的角度说，在学术研究不充分的情况下，新手作者应该将写作重心放在科学求证的过程上，即以向读者、编辑、老师呈现自己论文写作的规范与严谨为重点，而不是着力于呈现自己学术观点的独到与创新。全面论述自己的观点从何而来、如何得出，让读者看到自己的观点的得出过程是科学的、严谨的，而不是自己主观臆想的，就已经达到标准了。注意，这并不意味着论文写作标准较低或论文质量较差，只是写作策略上的差异。论文写作分两种情况：一种是先有观点再写作；另一种是先写作再有观点。不管是哪种情况，都有可能写出优质论文。先有观点再写作时，论文写作是为了论证相关观点的科学性与正确性；先写作再有观点时，论文写作是为了推导得出相关观点，向读者呈现相关观点从何而来。

从向专家作者学习的角度说，新手作者最应该学习的是专家作者的专业知识和研究方法，即学术层面的内容。

从论文写作规范过程的角度说，新手作者要正视输入与输出的关系。正常来说，论文写作过程是作者做了充分研究之后输出知识与观点的过程，事实上，这正是绝大部分专家作者的论文写作过程。但是对很多新手作者而言，并没有太多学术观点、研究成果可供输出，此时的论文写作过程更像是一个知识输入的过程，即一边学习，一边写作。

输入型写作与输出型写作的具体差异，我们会在《论文写作实用教程（高级）》（以下简称"高级教程"）中详细介绍。

二、论文写作的基本立场

论文写作有学术性、世界性、跨学科、客观性的特点，作者写作时应坚持政治性与学术性、价值性与知识性、建设性与批判性、理论性与实践性的统一，同时以问题为中心，确保研究的科学与全面。只有做到以下几点，才可称得上是优秀的论文。

（一）学术性

学术性，与生活化、大白话等相对，指理论、方法等专业知识的呈现。学术性论文写作，要求我们用专业理论、专业方法开展研究、完成论文写作。

（二）世界性

世界性，与区域性、民族性等相对，指世界眼光、全球视角的研究。世界性论文写作，要求我们提出问题、研究问题、分析问题时要有世界眼光、全球视角。比如，检索文献时，只检索中国知网上的文献是远远不够的，还需要对外文文献加以关注。

（三）跨学科

跨学科，指跨越学科看问题、做研究。如今，有大量复杂的研究问题涉及多学科知识，只用单一学科的知识进行研究很难解释清楚，更无法获得全面的、科学的研究结论。

（四）客观性

客观性，与主观性相对，指借助已有的知识，用科学的研究方法去探索未知的领域。比如，通过论文写作，我们往往可以推导出一个答案、结论，或明确一个观点，但是在论文写作的过程中，我们并不知道最后得到的答案、结论、观点是什么。此时的论文写作过程就是一个探索未知的过程，在这个过程中，我们要保持客观，切忌主观臆测。

(五) 坚持"四个统一"

论文写作,最重要的是坚持政治性与学术性的统一,此外,还有价值性与知识性的统一、建设性与批判性的统一、理论性与实践性的统一。

(六) 以问题为中心

"以问题为中心,解决共性的理论困惑与实践难题"是值得提倡的论文写作立场。所谓"问题",指在我们头脑中带问号的疑点、困惑,它们的答案都是未知的。因此,"以问题为中心"的实质是以探索未知为中心。明确中心问题,坚持学术性、世界性、客观性研究,跨学科论证,并做好"四个统一",我们对目标研究问题的把握才是科学的、全面的。

三、论文写作的观念转变

论文写作,要从读者需求出发、重视过程控制、掌握实用技能、进行深入对话、秉持客观且科学的态度、遵循明确的规范与逻辑,以上要素相互关联、相互促进,共同构成高效、顺畅的论文写作流程。

(一) 读者观念：从"作者"到"读者"

对论文写作而言，我们确定写什么、怎么写、写到什么程度时，不能只考虑自己的兴趣、能力，还要考虑读者喜欢什么、需要什么。以写学位论文为例，我们的指导老师既是论文的指导者，又是论文的读者，选题、写作时，我们不能对指导老师说："我就喜欢写这个（选题）、想写这个（内容），不管你觉得如何，我就这么写！"我们需要明确指导老师建议我们写什么、要求我们写到什么程度，因为无论是相关领域的研究现状，还是读者阅读相关论文的期待，指导老师都比我们更了解、更有把握能力。

因为写论文不是简单的自我表达，会受到研究条件、研究现状、读者对象的约束，所以我们应该树立读者观念。

(二) 过程观念：从"结果"到"过程"

很多人在论文还没有开始写的时候就被各种担心压得喘不过气来，比如，担心论文写好后无法发表、答辩无法顺利通过……这都是基于结果的无意义焦虑。建议大家将关注的重点从论文写作的结果转移到论文写作的过程上来，因为只要过程控制合理、良好，结果不会太差。而且，事实上，作为论文作者，我们能控制的只有过程，期刊会不会刊登我们的论文，与期刊各时期的出版方向、出版主题有关，与期刊编辑的审稿偏好、标准也有关；答辩能不能顺利通过，与各校的通过率有关，与答辩现场的问答状态也有关，结果是我们很难控制，甚至不可能控制的。

（三）技能观念：从"理论知识"到"实用技能"

论文写作不是一种理论知识，而是一个实用技能，典型特征是只通过听、学是掌握不了的，必须经过多次训练、实战，才可能不断提高相关能力与水平。

（四）对话观念：从"表达"到"对话"

论文写作不仅要表达自己的思想、观点，还要与读者进行对话、交流。因此，在论文写作的过程中表达思想、观点时，我们要尝试推想读者会如何看待这些思想、观点，会给出怎样的反馈、意见，以及我们应该如何回应读者的反馈、意见。

（五）科学观念：从"主观"到"客观"

写作往往被视为一种主观性极强的活动，很多人经常用"仁者见仁、智者见智"来形容论文写作的主观性。这种观点有一定的道理，但不全对。根据论文写作的过程评判，论文写作是客观的，因为论文写作的每一步都不是随心所欲的，各阶段都有严格、明确的规定。可以说，越优秀的论文，客观性越强。

（六）规范观念：从"迷宫探路、盲人摸象"到"有章可循、按部就班"

论文写作的过程绝不是一个迷宫探路、盲人摸象的过程，而是一个有章可循、按部就班的过程。为什么很多作者认为论文写作难点重重，很容易左支右绌、顾此失彼？很可能是因为他们根本没有明确论文写作的底层逻辑，也没有掌握论文写作的正确方法。如第三点所说，论文写作不是一种理论知识，而是一个实用技能，只要我们能够定下心来，按部就班地一步步研究、写作，一定会发现，论文写作是有章可循的，不会每次提起笔来都无话可说。

Chapter 04 第四章

论文选题的动态逻辑

论文选题是一个复杂的过程，在此过程中，作者一方面需要正视论文选题的内部与外部动态性，合理协调论文选题各要素之间的关系；另一方面需要明确抽象概念与具体现象之间的链接点，找到可行的研究方法和写作策略，以便合理调配理论与实践的比重。

一

论文选题的要素

论文选题有研究主题、研究问题、研究方法3个基本要素,分别解决着写什么、为什么写和怎么写的问题,相互关联,形成一个完整的逻辑链条。

(一) 论文选题的3个要素

如前文所述,论文选题的3个基本要素分别为研究主题、研究问题、研究方法。

第一个要素是研究主题,往往来自作者深耕的学科领域,对应作者的研究方向。一般而言,论文的研究主题是作者非常熟悉且掌握度较高的内容。

第二个要素是研究问题。研究问题不仅是作者没有明确答案的问题,而且大概率是整个学界都没有明确答案的问题。正是因为没有明确答案,所以才需要不断研究、探索。

第三个要素是研究方法。作者应通过选择并使用科学的研究方法进行研究,针对目标研究问题给出回答。

(二) 论文选题的要素联系

从逻辑上讲,论文选题的3个基本要素解决的分别是写什么、为什么写、怎么写的问题，即研究主题解决"写什么"的问题，研究问题解决"为什么写"的问题，研究方法解决"怎么写"的问题。

论文选题的 3 个基本要素是环环相扣的，因为面对论文，必须首先知道自己要写什么，然后思考清楚为什么写，最后才能顺畅地确定应该怎么写。

（三）论文选题的要素实例

接下来，我们通过实例，直观了解研究主题、研究问题和研究方法。

"中老年人健康行为"是社会科学领域的研究着眼点之一，为大众所关注，可以成为一个研究主题。

"配偶退休对中老年人健康行为的影响机制"可以成为一个研究问题，因为大部分人不知道配偶退休会对中老年人的健康产生什么影响，但相关影响会在退休者及其身边人的生活中体现。被大众关注的问题是值得研究的。

研究方法有很多，包括实证研究方法中的量化研究方法、质性研究方法、混合研究方法，以及思辨研究方法中的综述研究方法、史料考证研究方法等。只要能够回答"配偶退休对中老年人健康行为的影响机制（是什么）"这一问题，所有研究方法都可以选用。

二 论文选题的内部动态性

论文选题的内部动态性极强，表现为研究主题、研究问题和研究方法的聚焦与明确均受多种因素的影响，且这些要素之间的过渡与匹配有着不可忽视的动态性，要求作者在选题过程中正视不确定性、综合考量各种因素、灵活调整并择优选择推进方向。

（一）单一要素的动态明确

论文选题各要素的聚焦、明确过程是一个动态过程，即不管是研究主题、研究问题，还是研究方法，都不是能够轻易确定的，会受多种因素的影响。

先说研究主题。研究主题需要具体到一定程度，比如，"中老年人健康行为"这个研究主题从何而来？作者深耕的学科领域可能是社会学或者经济学，在学科领域中，他重点关注的是"中老年人"的生活状况或生活条件，并一步步聚焦于"中老年人健康行为"。由此可见，研究主题是在目标学科领域内逐步聚焦、明确的，这一聚焦、明确过程是动态的。

再说研究问题。"中老年人健康行为"与"配偶退休"有什么关系呢？配偶退休是绝大多数中老年人要面对的问题，会影响中老年人的生活状态，而生活状态与健康行为密切相关。由此可见，研究问题的提出过程也是动态的。

最后聊聊研究方法。研究方法同样有一个逐步选择、明确的动态过程。使用什么研究方法、为什么要使用这个研究方法、有没有更好的研究方法等，都是要动态明确的。在选择、明确研究方法的过程中，要考虑很多问题，其中，适用性是需要特别关注的。

（二）各要素之间的动态过渡

不仅论文选题各要素的聚焦、明确过程是动态的，各要素之间的过渡也是动态的。

比如，从"中老年人健康行为"这一研究主题的确定，到"配偶退休对中老年人健康行为的影响机制"这一研究问题的提出，再到适用性强的研究方法的选择，是逐步完成、有内在制约关系和选择逻辑的。

明确各要素之间的动态过渡关系，有助于有条不紊地推进论文选题工作，以及后续的论文写作工作。

（三）各要素之间的动态匹配

在论文选题的过程中，作者需要对各要素之间的匹配性进行考虑与衡量。

一方面，我们需要考虑我们提出的研究问题与我们确定的研究主题是否匹配。以"中老年人健康行为"这一研究主题为例，提出研究问题时，我们肯定不会往生二胎、生三胎等生育方面想，因为这显然是不匹配的——中老年人年龄较大，已经不适合有生育行为了。这就是研究问题和研究主题的匹配性衡量。

另一方面，我们需要考虑我们选择的研究方法与我们提出的研究问题是否匹配。以"配偶退休对中老年人健康行为的影响机制"这一研究问题为例，选择研究方法时，我们肯定优先选择更利于推进研究的量化研究方法、混合研究方法等实证研究方法，以便在匹配性更强的情况下高效得出科学结论。这就是研究方法和研究问题的匹配性衡量。

综上所述，整个论文选题的过程都是动态的，我们必须正视不确定性、综合考量各种因素、灵活调整并择优选择推进方向。

三 论文选题的外部动态性

论文选题的外部动态性如图 4-1 所示。

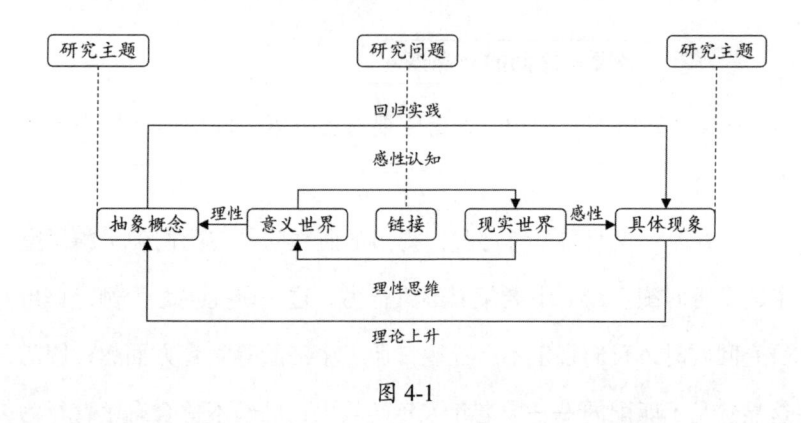

图 4-1

与论文选题的内部动态性相比,论文选题的外部动态性更为复杂。把握好论文选题的外部动态性,有利于我们简化论文选题各要素之间的关系。

在本章第二部分,我们提出并分析了很多问题,比如,研究主题是怎么确定的、研究问题是如何提出的、研究方法是依据什么选择的。我们经常说"选题难",对论文选题来说,以上每一个要素的明确、每一步操作的推进都是困难且重要的。接下来,我们讲解如何通过理解论文选题的外部动态性把握理论和实践的关系,降低选题的难度。

要想提出好的研究问题,需要找准理论和实践的链接点。有些研究问题明显属于理论问题或实践问题,这是比较容易匹配研究方法的研究问题。与之不同,还有些研究问题既像是理论问题,又像是实践问题,或者说其中的实践问题有不可忽视的理论的一面、理论问题有不可忽视的实践的一面……面对这些研究问题,找准理论和实践的链接点是匹配正确的研究方法、高效推进研究过程的前提。

如何找准研究问题的理论和实践的链接点呢?要从研究主题说起。

我们确定的研究主题,可能是理论概念,也可能是生活现象——从学科领域中寻找,找到感兴趣的抽象、专业的理论概念,以之为研究主题,这是第一种情况,也是比较常见的情况;在没有积累太多专业知识的情况下,从现实生活中寻找,以生活气息较强的内容为研究主题,这是第二种情况,比如"配偶退休",显然不是一个理论概念。不管是以理论概念为研究主题,还是以生活现象为研究主题,都没问题,只不过两者处于两个极端,均需要寻找理论与实践的链接点。如果以理论概念为研究主题,那么应该想办法找到其实践的一面,努力将其与现实生活相关联;如果以生活现象为研究主题,那么应该为其提炼理论化表达,找到理论意义,因为这是论文写作的基本要求之一。

研究对应理论的"意义世界",依靠的是理性思维;研究对应实践的"现实世界",依靠的是感性认知。意义世界和现实世界是靠感性认知和理性思维链接起来的,它们犹如一个物体和与之对应的影子,两者之间一定有链接点,研究问题的提出,就基于这个链接点。换句话说,这个链接点就是研究问题的理论和实践的链接点。

找到了链接点,就找到了论文选题外部动态性的中心点,据此平衡论文选题各要素,能够简化其关系,降低选题难度。

实际操作中,仅找到理论和实践的链接点是不够的,还有一个需要克服的选题难点是从理论回到实践,或将实践上升为理论。

对从小学一路读到博士毕业的学生来说,接触到的专业知识、理论知识太多,对应的是对现实世界中很多实践层面的东西认识不足,很难从理论回到实践;而对离开校园很久的一线工作人员来说,进行专业的理论化表达并不是一件容易的事。因此,在选题过程中就需要进行权衡,找到可行的研究方法、写作策略,合理调配理论与实践的比重。

Chapter 05 第五章

论文选题的实操过程

　　在学术研究中,研究主题一般来自专业的学科领域,有动态的明确过程,而作为核心要素,研究问题需要有理论深度和创新性,展现多维度的理论形态。此外,选择合适的研究方法,如思辨研究方法、质性研究方法、量化研究方法,根据研究问题的性质设计研究框架,是确保研究的科学性和有效性达标的关键,这一过程要求研究者有扎实的学科基础和敏锐的问题意识,能够灵活使用各种研究工具和方法,深入探索和揭示现象背后的深层规律与作用机制。

一 研究主题的确定

如第四章所述，研究主题有一个动态明确的过程，因此，妥当界定研究主题并掌握逐步明确研究主题的方法很重要。接下来，我们配合实例进行介绍。

（一）研究主题的界定

研究主题是选题的基本要素之一，如第四章所述，既可以是理论概念，又可以是生活现象，比如，××转换机制、××社会行动、××健康行为、××发展现状。

（二）研究主题的逐步明确

研究主题一般来自专业的学科领域，换句话说，我们深耕的学科领域是选题的母胎，可以孕育研究主题。

文献阅读、生活/工作经验、专业交流、他人命题、媒体资讯等，都是研究主题的常见来源。不管是来源于哪里的研究主题，在最终确定前，都要经历一个逐步缩小研究范围的过程。逐步缩小研究范围的常见操作方法是在研究词的前、后增加限定词，或者逐步具化研究概念、收缩研究外延。

（三）研究主题的实例

以张三为例。如果张三是社会学专业的本科生，研究方向是社会学，那么他可以结合自己的成长经验、生活经历，以"家务劳动"为研究主题，这个研究主题是一个生活现象；如果张三不仅有社会学研究背景，还有教育学研究背景，那么他可以选择教育社会学方向的研究主题，比如以"教育生活"为研究主题，这个研究主题是一个比较抽象的理论概念。

有的人可能会说："我的成长经验、生活经历有限，想不出合适的生活化的、实践性强的研究主题，也没有跨学科研究背景，写不好'教育生活'这样的理论性强的研究主题，怎么办呢？"

这时候，我们可以纯粹地在学科领域内部寻找研究主题，即学了什么就研究什么。举个例子，社会学专业的本科生可以考虑以社会学领域的某一理论为研究主题——翻开课本，找一个感兴趣的社会学理论，比如英国社会学家安东尼·吉登斯提出的"结构化理论"，以其为研究主题，进行深入研究，写一篇不错的论文。以社会学领域的某一生活现象为研究主题也是选择之一，留心观察我们的实际生活，多听、多看社会新闻，找到最感兴趣的研究点即可。

二 研究问题的提出

与研究主题一样,研究问题也有一个动态明确的过程。接下来,我们对研究问题的界定、性质和确定过程进行介绍。

(一) 研究问题的界定

研究问题是选题的核心要素,堪称选题的"心脏"。一个选题好不好、能不能成为高质量的选题,取决于它的研究问题好不好。

(二) 研究问题的性质

研究问题必须有较强的理论性,不能是实践问题。也就是说,研究主题既可以是理论性强的概念,又可以是实践性强的现象,但是研究问题只能是强理论性的问题。

一般而言,研究问题有 3 种理论形态,如下。

1. 实践问题的理论研究:实践的理论化

如果我们初步提出的研究问题是实践问题而非理论问题,那么,我们必须对该实践问题进行理论化提炼。以刊登在 2023 年第 2 期《上海经济研究》上的《文化产业融资困境:市场化抑制与政府扶持不足——来自上海实践的实证检验》为例,介绍实践的理论化过程。

《文化产业融资困境：市场化抑制与政府扶持不足——来自上海实践的实证检验》研究的是"文化产业融资困境"，这是一个典型的实践问题。面对实践问题，我们可以深入研究其影响因素，提及影响因素，问题就自然而然地理论化了。比如，文化产业融资陷入困境是市场化抑制导致的，还是政府扶持不足导致的？"文化产业融资困境产生的原因"是个毫无争议的理论问题。

2. 理论概念的实践描述：理论的"实践化"

针对抽象的内容进行理论研究，容易越研究越抽象，因此，面对理论概念，我们可以进行理论的"实践化"。注意，研究问题依然是强理论性的问题，只是表述方式实践化。以刊登在2019年第4期《青海民族研究》上的《农民群体利益表达行动的文化嵌入性——一个少数民族村落"保地"行动的田野民族志》为例，介绍理论的"实践化"过程。

《农民群体利益表达行动的文化嵌入性——一个少数民族村落"保地"行动的田野民族志》研究的"群体行动的文化问题"是一个高度抽象的理论问题，为了便于研究与理解，针对这一问题，作者没有深入探讨群体行动的文化原因，而是以一个少数民族村落中农民的"保地"行动为研究标的，做了一个民族志研究，把相关农民干了什么、为什么干、怎么干的记录了下来。如此一来，这个理论问题就从实践层面入手写清楚了。

3. 理论/方法的拓展创新：理论的深度理论化

以刊登在2015年第8期《当代经济研究》上的《马克思的社会

资本再生产模型：一个技术性补充》为例，介绍理论的深度理论化过程。

众所周知，在《资本论》中，"马克思的社会资本再生产模型"是一个非常经典的理论，或者说是经典模型。《马克思的社会资本再生产模型：一个技术性补充》致力于对这一经典模型进行补充——该模型的推导本来只有五步，作者说应该有第六步。整篇论文和实践几乎没有关系，是纯理论推导，因此，我们将其称为理论的深度理论化。

实践的理论化、理论的"实践化"和理论的深度理论化是常见的研究问题的 3 种理论形态，注意，没有"实践的实践化"这种情况，因为研究问题只能是强理论性的问题。

除了以上 3 种形态，从创新性强弱的角度区分，研究问题有绝对创新与相对创新两种形态。

绝对创新是有知识增量的创新，比如理论的深度理论化；相对创新是有知识转移的创新，即不产生新知识，只是对原有知识进行全新剖析，理论的"实践化"就属于相对创新。

（三）研究问题的确定

确定研究问题，一般分三步完成，接下来详细介绍。

1. 研究主题的明确

比如，我们的研究领域是文化产业，先聚焦文化产业中的实践现象，再明确为研究目前很多文化产业融资面临着的巨大的困境，这就是研究主题的明确——从学科领域开始，慢慢明确为特定的实践现象。

再如，我们的研究领域是社会学，先提出要研究抽象的理论概念，再明确为研究"文化嵌入"，这也是研究主题的明确——从学科领域中的概念群开始，慢慢明确为特定的概念。

在研究主题的明确过程中，我们只需要从自己的研究领域出发，先明确是选择实践性强的研究主题还是选择理论性强的研究主题，再用举例子的方法初步提出研究问题就可以了。

2. 确定研究问题的形态

明确研究主题后，我们还需要确定研究问题的形态。

举个例子，我们明确以"文化产业融资困境"为研究主题后，需要确定针对这个研究主题，是做理论研究，还是做实践研究。因为研究问题没有"实践的实践化"这种形态，所以针对这个实践性强的研究主题，我们应该做理论研究。明确这一点后，我们可以着手分析出现相关困境的原因，将研究主题进一步明确为"文化嵌入"，提出一个抽象概念。面对抽象概念，我们可以继续选择是做理论研究还是做实践研究。如果选择做理论研究，研究问题可以是"理论的深度理论化"，比如"三种文化嵌入理论的比较"；如果选择做实践研究，研究问题就是"理论的'实践化'"，比如以一个村子为研究标的，对村中的居民进行访谈。

3. 找到创新性链接

确定研究问题的形态后，我们还需要找到创新性链接。

比如，到底是市场因素还是政策因素导致了文化产业融资困境的出现？很多论文作者已经给出了自己的观点。这时候，根据已有文献的观点或自己的生活、研究经验判断各因素与融资困境的关系，就是我们这篇论文的创新点。这些"关系"，是在我们写完论文后明确的，这正是新手作者通过写论文探索未知、明确观点的体现。

再如，在完成访谈前，我们并不知道农民群体会有怎样的利益表达行动，完成访谈后才知道为什么经济问题会涉及文化原因，进而发现两者间的创新性链接。此时的链接既是一种可能性，又是我们得出的创新性结论。

注意，在新问题、新方法、新材料、新观点这"四新"中，只有新观点是真正的创新点。

三

研究方法的选择与研究框架的设计

研究方法是选题的支撑要素，是选题的"骨骼"，我们既需要根据研究问题选择合适的研究方法，又需要根据所选择的研究方法设计研究框架。

选择研究方法的过程，是一个逐步明确的过程。研究方法可以笼统地分为思辨研究方法和实证研究方法，实证研究方法可以细分为质性研究方法和量化研究方法，在量化研究方法中，我们可以对实验研究方法进行单独考虑，见表5-1。

表5-1 研究方法的基本情况

研究方法	思辨研究方法	实证研究方法		
		质性研究方法	量化研究方法	
			其他	实验研究方法
研究视野	宏观	中观	微观	超微观
清晰度	模糊	清晰	高清	超高清
研究形式	推理	访谈	问卷	观察
与理论的关系	提出猜想	完成描述	进行验证	

从研究视野的角度看，从思辨研究方法到质性研究方法，再到绝大多数量化研究方法和量化研究方法中的实验研究方法，从前往后，是越来越微观的；从清晰度的角度看，同样的顺序，从前往后，是越来越清晰的；从具体的研究形式的角度看，使用思辨研究方法依靠推理，使用质性研究方法依靠访谈，使用绝大多数量化研究方法依靠问卷（调查），使用实验研究方法则主要依靠观察；从与理论的关系的角度看，使用思辨研究方法侧重提出猜想，使用质性研究方法侧重将猜想描述清楚，使用量化研究方法（包括实验研究方法）侧重验证猜想。

明确不同研究方法的区别后，我们能够根据研究问题的性质，更恰当地选择合适的研究方法。

Chapter
06
第六章

论文选题的实例

本章，我们通过实例了解实验论文、思辨论文、实证论文的选题操作。

一 实验论文的选题实例

用两个实例,带大家了解如何确定实验论文的选题。

(一) 选题实例一

研究主题:同震滑坡。

研究问题:同震位移对滑坡的诱发机制(实践的理论化)。

研究方法:雷达卫星影像和滑移分布模型、投影技术。

论文标题:《地表三维同震位移与同震滑坡分布之间的关系研究》(刊登于 2023 年第 7 期的《中国科学:地球科学》)。

在选题过程中,作者从自己的研究领域出发,将研究主题的选择范围逐步缩小,最终确定以"同震滑坡"为研究主题。研究问题为"同震位移对滑坡的诱发机制",即同震位移是如何导致滑坡问题出现的,属于"实践的理论化",因为滑坡是经常出现在山体集中地区的现实问题(实践),而同震位移如何引发滑坡是一个理论问题。作者选择以雷达卫星影像和滑移分布模型、投影技术为研究方法,使用的是实证研究方法,而将论文标题定为《地表三维同震位移与同震滑坡分布之间的关系研究》,明确点出了论文的研究重点是同震位移如何引起同震滑坡,选题三要素齐全。

（二） 选题实例二

研究主题：嵌金属电极的微流体管道。

研究问题：嵌金属电极柔性微流体管道的制造（理论的"实践化"）。

研究方法：电喷印直写技术、翻模和湿法刻蚀工艺、电学测试。

论文标题：《基于电喷印集成制造阵列化嵌金属电极柔性微流体管道》（刊登于2023年第4期的《中国科学：技术科学》）。

在选题过程中，作者从自己的研究领域出发，将研究主题的选择范围逐步缩小，最终确定以"嵌金属电极的微流体管道"为研究主题。研究问题为"嵌金属电极柔性微流体管道的制造"，即研究的不是"微流体管道"本身，而是怎么把嵌金属电极柔性微流体管道制造出来，对理论问题进行了实践化表述，属于"理论的'实践化'"。作者选择以电喷印直写技术、翻模和湿法刻蚀工艺、电学测试为研究方法，使用的是实证研究方法，而将论文标题定为《基于电喷印集成制造阵列化嵌金属电极柔性微流体管道》，明确说明了制造微流体管道的方法，有一目了然的效果。

二 思辨论文的选题实例

用两个实例,带大家了解如何确定思辨论文的选题。

(一) 选题实例一

研究主题:商业金融绿色信贷。

研究问题:不同国家的商业银行的绿色信贷水平(实践的理论化)。

研究方法:比较研究。

论文标题:《商业银行绿色信贷业务的国际比较研究及启示》(刊登于 2023 年第 3 期的《新疆社会科学》)。

在选题过程中,作者从自己的研究领域出发,将研究主题的选择范围逐步缩小,最终确定以"商业金融绿色信贷"为研究主题。研究问题为"不同国家的商业银行的绿色信贷水平",这是对实践问题的理论化——直接提炼研究主题,对应的问题应该为"商业银行的绿色信贷业务好不好",因为实践问题不可以作为研究问题,所以作者对其进行了理论化改写,确定为对不同国家的商业银行的绿色信贷水平进行比较。作者选择对研究问题进行比较研究(属于思辨研究),且将论文标题定为《商业银行绿色信贷业务的国际比较研究及启示》,两者是有一致性的。

如果不做思辨研究,针对这一研究问题,作者还有别的研究方法可选择,比如,先衡量不同国家的商业银行的绿色信贷水平,再使用某一分析方法完成分析。如果研究方法改变了,论文标题会随之改变。

(二) 选题实例二

研究主题:时间分辨角分辨光电子能谱。

研究问题:时间分辨角分辨光电子能谱的研究进展(理论的深度理论化)。

研究方法:综述研究。

论文标题:《高性能时间分辨角分辨光电子能谱在量子材料中的研究进展》(刊登于2023年第6期的《中国科学:物理学 力学 天文学》)。

在选题过程中,作者从自己的研究领域出发,将研究主题的选择范围逐步缩小,最终确定以"时间分辨角分辨光电子能谱"为研究主题,这是光学领域中的很细节的研究主题。针对该研究主题,完全可以做实验研究,但是作者将研究问题确定为"时间分辨角分辨光电子能谱的研究进展",意味着作者打算将理论更为深度地理论化。对应这个研究问题,以思辨研究中的综述研究为研究方法更为合适,实例论文的主体内容是综述目前相关主题的国内外研究进展。

三 实证论文的选题实例

用两个实例,带大家了解如何确定实证论文的选题。

(一) 选题实例一

研究主题:大学教育。

研究问题:重点大学的教育回报(实践的理论化)。

研究方法:断点回归。

论文标题:《重点大学教育回报:基于断点回归设计的实证研究》(刊登于 2023 年第 4 期的《学术研究》)。

该选题作者的深耕学科领域为教育学,本来想以"高等教育"为研究主题,但经过思考,感觉范围太大,有不好聚焦的问题,故将研究主题确定为"大学教育"。前文讲过,如果理论积累不足,我们可以着眼于实践,将实践问题理论化,最终,该作者将研究问题确定为"重点大学的教育回报",即上大学到底值不值。这一研究问题属于"实践的理论化",因为"上大学"是实践问题,而上大学的价值和意义回报是将实践问题理论化后的理论问题。作者选择的研究方法是"断点回归",且将论文标题确定为《重点大学教育回报:基于断点回归设计的实证研究》,因为这个问题是没有标准答案的,写论文只是为了通过研究得出作者自己的结论。

(二) 选题实例二

研究主题：员工建言行为。

研究问题：员工建言的质量（实践的理论化）。

研究方法：扎根理论、量表开发与检验。

论文标题：《基于扎根理论的员工建言质量研究：内容结构、测量与作用机制》（刊登于 2022 年第 12 期的《管理评论》）。

该选题的作者以企业管理为深耕领域。企业管理的实践性很强，因此，作者想从实践出发进行研究与论文写作，确定研究主题为"员工建言行为"。在研究过程中，作者假设自己是在企业中工作的一线员工，以"员工建言的质量"为研究问题，属于"实践的理论化"，因为"员工建言"是一个实践现象，而"员工建言的质量"是一个理论问题。研究方法方面，作者先用扎根理论做研究，再进行量表开发，最后完成实证检验，是典型的混合研究。该论文标题为《基于扎根理论的员工建言质量研究：内容结构、测量与作用机制》，是完美对应其研究主题、研究问题与研究方法的。

Chapter 07 第七章

思辨研究的范文分析与论文写作结构

　　思辨研究的主体思维是逻辑思维,但使用不同的研究方法时,形象思维和批判性思维也扮演着重要的角色。具体而言,比较研究和综述研究倾向于强化逻辑思维,尤其是归纳与演绎的结合;史料考证研究多关注逻辑思维与形象思维的融合,注重对史料的细致分析;人文评论研究侧重于突出形象思维,允许抽象的表述与具体的表述并存。

　　总之,各类思辨论文在行文思维和写作结构上各有侧重,共同展示思辨研究的丰富性与多样性。

一、思辨研究的主体思维

在思辨研究中,不管是比较研究、综述研究、史料考证研究,还是人文评论研究,逻辑思维(纵向思维)都占据主要地位。不过,在人文主义传统的长期影响下,部分思辨论文,尤其是人文评论类思辨论文中,形象思维(横向思维)的使用非常广泛。换句话说,在部分学科,尤其是人文学科的研究中,对形象思维的使用是不可忽视的。

整体来说,思辨研究的主体思维是逻辑思维。

除了逻辑思维和形象思维,批判性思维对思辨研究而言也很重要,尤其是在发现问题的阶段,即选题阶段,因为研究问题的提出在很大程度上依赖于批判性思维。

目前,绝大部分思辨研究中有逻辑思维与形象思维、归纳逻辑与演绎逻辑的交叉使用。

二、思辨研究的范文分析

接下来,我们重点关注比较、综述、史料考证和人文评论这4

种常见的思辨研究方法，配合范文，看一看用思辨研究方法研究、写作的论文的行文思维和写作结构。

（一）使用比较研究方法研究、写作的论文

以刊登在 2023 年第 Z1 期《中国大学教学》上的《中美高校舞蹈教育比较研究——以中央民族大学和纽约大学为例》为例。

该论文的写作结构如下。

一、院系概况

二、舞蹈高等教育的对比

  1. 教育宗旨：专业性与社会性

  2. 课程设置：系统专业与自由多元

  3. 教学实践：外在标准与内在多元

三、中美舞蹈高等教育的共性与差异

四、批判性借鉴美国高等舞蹈教育

该论文的研究领域是舞蹈教育，作者选择的研究对象是中央民族大学和纽约大学。

论文主体第一部分是"院系概况"，即分别对两所学校进行介绍。

论文主体第二部分是"舞蹈高等教育的对比"，包括 3 个比较维度，第一个维度是"教育宗旨"，即两所学校专业性与社会性的

不同；第二个维度是"课程设置"，即课程设置的系统专业、自由多元两种特征；第三个维度是"教学实践"，即对两所学校的外在标准和内在多元的对比。

论文主体第三部分是"中美舞蹈高等教育的共性与差异"，通过比较，明确中美舞蹈高等教育的异同。

论文主体第四部分是"批判性借鉴美国高等舞蹈教育"，通过批判性借鉴美国高等舞蹈教育的人才培养经验，培养我国的舞蹈人才。

通过以上梳理，我们可以看到，该论文的主体行文思维是逻辑思维，具体而言，有整体性的归纳逻辑。注意，这只是对该论文主体行文逻辑的判断，我们不能据此排除其在微观层面使用形象思维行文的可能性。

（二）使用综述研究方法研究、写作的论文

以刊登在 2024 年第 5 期《外国经济与管理》上的《算法权力在管理领域的研究回顾、探索与展望》为例。

该论文的写作结构如下。

一、引言

二、算法、权力与算法权力相关概念

三、算法权力的影响因素

四、算法权力的影响结果

五、算法权力的影响机制

六、研究结论、管理启示和未来展望

该论文的第一部分是引言，主体内容包括第二部分"算法、权力与算法权力相关概念"、第三部分"算法权力的影响因素"、第四部分"算法权力的影响结果"、第五部分"算法权力的影响机制"（在这一部分，作者从规训机制、嵌入机制、迭代机制3个方面入手，讨论算法权力是如何发挥影响作用的）、第六部分"研究结论、管理启示和未来展望"。

通过以上梳理，我们可以看到，该论文的主体行文思维是逻辑思维，行文逻辑是典型的演绎逻辑——严格按照概念、影响因素、影响结果、影响机制向外延伸。

（三）使用史料考证研究方法研究、写作的论文

以刊登在2023年第1期《戏曲艺术》上的《梅兰芳访美演出场次考证》为例。

该论文的写作结构如下。

一、学界流行"三说"

二、东部演出场次考

三、中部和西部演出场次考

四、结语

进入主体研究前，该论文的作者提出了一个问题，即"梅兰芳访美演出的场次（是多少）"。针对这一问题，不同人的观点不同，答案是有争议的，因此，该论文在第一部分介绍了目前学界流行的3种说法，即"学界流行'三说'"。论文主体的第二部分和第三部分是史料考证，分别为"东部演出场次考"和"中部和西部演出场次考"。在展示史料考证内容后，论文主体的第四部分是"结语"，介绍通过完成一系列史料考证得出的"梅兰芳在美演出多达96场"这一新数据，作为对目前学界3种说法的有力回复。

通过以上梳理，我们可以看到，该论文的主体行文思维是逻辑思维，因为归纳逻辑非常明显。与此同时，该论文在研究与写作过程中大量地使用了形象思维——进行史料考证时，作者要从细枝末节的历史资料中发掘有用的信息。

注意，该论文还有一个特殊之处：作者在对史料进行考证的过程中结合使用了编码研究方法。结合使用编码研究方法是进一步提高论文的逻辑性的表现。

（四）使用人文评论研究方法研究、写作的论文

以刊登在2023年第2期《中国文艺评论》上的《"诗本位"并非"诗画高低论"——中国古典诗画关系再探》为例。

前文讲过，在以人文评论为主要研究方法的思辨论文中，形象思维占据主要地位。比如，《"诗本位"并非"诗画高低论"——中国古典诗画关系再探》提到，钱锺书在《中国诗与中国画》中对

诗画关系的认识是一个典型例子,针对当下"艺术跨媒介"或"出位之思"的讨论如火如荼,中国古典诗画关系中"诗本位"问题似乎又凸显其尖锐性这一问题,钱锺书认为,一方面可沿袭莱辛的"诗画异质"观点,考虑西方诗学重视史诗和叙事传统的原因,另一方面可考虑中国诗的文化地位实然的原因。

叙述钱锺书的观点后,作者推导出了"当下'艺术跨媒介'或'出位之思'的讨论如火如荼,中国古典诗画关系中'诗本位'问题似乎又凸显其尖锐性"这一观点。

严格按照学术论文的要求写作时,论文中不可以有模棱两可的语言,比如"似乎",明显不是严谨的逻辑推理用词。但是,以人文评论为主要研究方法的思辨论文允许这样写,不仅如此,这类论文在写作时甚至可以使用非常抽象的词汇,比如第一性、第二性、绘画性、音乐性。

因此,在以人文评论为主要研究方法的思辨论文中,形象思维和逻辑思维(尤其是演绎逻辑)都非常明显,思辨研究的主体思维是逻辑思维这一特征在这类论文中不太明显。

三

思辨论文的写作结构总结

以比较为主要研究方法研究、写作的思辨论文,逻辑思维的使用非常突出。《中美高校舞蹈教育比较研究——以中央民族大学和纽约大学为例》的作者就是先设置不同的舞蹈高等教育的对比维度，再在每个维度内部展开分析，最后使用归纳逻辑提炼自己的研究结论。

以综述为主要研究方法研究、写作的思辨论文，逻辑思维的使用更为突出，具体而言，是以归纳逻辑为主推进研究、写作。《算法权力在管理领域的研究回顾、探索与展望》的作者就是从概念开始，先论述影响因素、影响结果，再论述影响机制，每一步都在提炼研究结论，对应的是每个部分内部都以归纳逻辑为主体逻辑。

以史料考证为主要研究方法研究、写作的思辨论文，整体上以逻辑思维中的归纳逻辑为主体逻辑，同时借助批判性思维进行研究。《梅兰芳访美演出场次考证》的作者在提炼问题的时候使用了批判性思维、在时间梳理方面以逻辑思维为主体行文思维、在史料考证方面以形象思维为主体行文思维，并通过完成大量的史料归纳得出自己的结论。

以人文评论为主要研究方法研究、写作的思辨论文，形象思维的使用更为突出。在《"诗本位"并非"诗画高低论"——中国古典诗画关系再探》的研究、写作过程中，逻辑思维的使用不是很多，在众多细节研究中，形象思维使用得非常频繁。

由此可见，使用比较研究方法研究、写作的论文，逻辑思维更突出；使用人文评论研究方法研究、写作的论文，形象思维更突出。使用综述研究方法和史料考证研究方法研究、写作的论文，形象思维和逻辑思维并重——如果一定要对比，使用综述研究方法研究、写作的论文，逻辑思维更突出；使用史料考证研究方法研究、写作的论文，形象思维更突出。

Chapter
08
第八章

量化研究的范文分析与论文写作结构

量化研究以逻辑思维为主体思维,尤其是演绎逻辑,辅以归纳逻辑。在量化研究论文的选题阶段,可能会用到形象思维,但整体而言,量化研究论文的推理特征明显,对严谨性与精确性有较高的要求。

一 量化研究的主体思维

量化研究是基于逻辑思维的研究，以演绎逻辑和归纳逻辑为主体逻辑。整体上看，量化研究以使用演绎逻辑为主。

随着仅使用逻辑思维进行量化研究的弊端逐渐显现，越来越多的研究者发现，使用形象思维进行量化研究能够为相关研究提供有益补充。因此，近几十年来，混合研究方法逐渐兴起。

二 量化研究的范文分析

接下来，我们重点关注问卷调查法、回归分析法、实验法和数学模型法这4种常见的量化研究方法，配合范文，看一看用量化研究方法研究、写作的论文的行文思维和写作结构，并尝试探究量化研究最开始以逻辑思维为主体思维，如今倾向于将逻辑思维和形象思维结合起来使用的原因。

（一）使用问卷调查法研究、写作的论文

以刊登在2023年第2期《管理学报》上的《老字号员工工匠精

神量表开发与验证研究》为例。

该论文的写作结构如下。

1. 研究背景
2. 理论基础
    2.1 工匠精神的内涵
    2.2 工匠精神的测量
3. 老字号员工工匠精神量表的开发
    3.1 初始题项的生成
    3.2 题项的提炼
    3.3 探索性因子分析
    3.4 验证性因子分析
    3.5 老字号员工工匠精神因子命名
    3.6 老字号员工工匠精神的概念界定
4. 老字号员工工匠精神量表的有效性检验
    4.1 研究假设
    4.2 问卷设计与发放
    4.3 结果分析
5. 结论与讨论
6. 研究局限及展望

通过梳理以上结构,我们可以看到,该论文的各部分环环相扣，逻辑性非常强，是演绎逻辑与归纳逻辑并重的研究论文。

（二）使用回归分析法研究、写作的论文

以刊登在 2023 年第 5 期《南开经济研究》上的《配偶退休会改变中老年人的健康行为吗？——断点回归的经验证据与 Becker 利他主义的理论解释》为例。

该论文的写作结构如下。

一、引言及文献综述

二、制度背景

三、数据来源与变量描述

四、实证研究设计

五、实证结果分析

  （一）第一阶段回归结果

  （二）"配偶"退休对"本人"吸烟和饮酒行为的影响

  （三）"配偶"退休对"本人"医疗保健消费的影响："关爱效应"与"收入效应"的叠加

  （四）"配偶"退休对"本人"健康的影响

六、基于 Becker 利他主义模型的理论解释

七、研究结论与政策启示

通过梳理以上结构，我们可以看到，这是一篇非常有代表性的量化研究论文——收集数据、分析数据、理论解释，各部分是环环

相扣的，行文以逻辑思维为主体思维。

（三）使用实验法研究、写作的论文

以刊登在 2023 年第 4 期《中国科学：技术科学》上的《基于电喷印集成制造阵列化嵌金属电极柔性微流体管道》为例。

该论文的写作结构如下。

1. 引言
2. 材料与方法
  2.1 实验材料
  2.2 实验设备
  2.3 嵌金属电极柔性微流体管道制备
3. 结果与讨论
4. 结论

通过梳理以上结构，我们可以看到，该论文比前面的《老字号员工工匠精神量表开发与验证研究》和《配偶退休会改变中老年人的健康行为吗？——断点回归的经验证据与 Becker 利他主义的理论解释》更具代表性。该论文中，几乎没有抽象的语言，每句话都非常具体、实在，因此，更具代表性地呈现了量化研究以逻辑思维为主体思维的特征。

（四）使用数学模型法研究、写作的论文

以刊登在 2023 年第 5 期《中国科学：数学》上的《广义齐次核重积分算子最佳搭配参数的等价条件及应用》为例。

该论文的部分内容如图 8-1 所示。

广义齐次核重积分算子最佳搭配参数的等价条件及应用

洪勇[1*]，陈强[2]

1. 广州华商学院数据科学学院，广州 511300；
2. 广东第二师范学院计算机学院，广州 510303
E-mail: hongyonggdcc@yeah.net, cq_c123@163.com

收稿日期：2021-08-02；接受日期：2022-10-10；网络出版日期：2022-11-28；* 通信作者
国家自然科学基金 (批准号：61772140)、广州华商学院科研团队项目 (批准号：2021HSKT03) 和广东省基础与应用基础研究基金 (批准号：2022A1515012429) 资助项目

摘要 引入搭配参数 $a_1, a_2, \ldots, a_n$ 并应用权函数方法，可得到重积分算子 T：
$$T(f_1, f_2, \ldots, f_{n-1})(x_n) = \int_{\mathbb{R}_+^{n-1}} K(x_1, \ldots, x_{n-1}, x_n) \prod_{i=1}^{n-1} f_i(x_i) dx_1 \cdots dx_{n-1}$$
的不等式 $\|T(f_1, f_2, \ldots, f_{n-1})\|_{q_n, \alpha_n(1-q_n)} \leqslant M(a_1, a_2, \ldots, a_n) \prod_{i=1}^{n-1} \|f_i\|_{p_i, \alpha_i}$. 若常数因子 $M(a_1, a_2, \ldots, a_n)$ 等于 $T: \prod_{i=1}^{n-1} L_{p_i}^{\alpha_i}(0, +\infty) \to L_{q_n}^{\alpha_n(1-q_n)}(0, +\infty)$ 的算子范数 $\|T\|$，则称 $a_1, a_2, \ldots, a_n$ 为算子 T 的最佳搭配参数. 本文针对广义齐次核，讨论算子 T 的最佳搭配参数的充分必要条件，得到算子 T 有界的判定方法和算子范数计算公式. 最后作为应用给出一些特例.

图 8-1

该论文行文的逻辑思维非常明显——有大量的公式，文字表述并不多，仅有的一些文字表述也是用来解释、说明相关公式的，直观体现了量化研究以逻辑思维为主体思维的特征。

做学术推理，必须关注推理的严谨性，在这方面，上述论文非常具有代表性。

三 量化研究论文的写作结构总结

通过以上 4 篇论文，我们可以直观地看出，量化研究论文以逻辑思维为主体行文思维，其中，演绎逻辑和归纳逻辑并重。

就写作结构而言，在选题阶段，量化研究论文的研究主题、研究问题和研究方法的逐步明确是有可能用到形象思维的。

比如，以《老字号员工工匠精神量表开发与验证研究》为例，作者是如何想到"老字号员工工匠精神"这一研究问题的？

再如，以《配偶退休会改变中老年人的健康行为吗？——断点回归的经验证据与 Becker 利他主义的理论解释》为例，作者是如何想到"配偶退休会改变中老年人的健康行为"这一研究问题的？

在选题阶段，作者的形象思维、批判性思维有着非常重要的作用，逻辑思维居辅助地位。到了具体的研究、写作阶段，需要逐步论证时，演绎逻辑开始发挥主要作用，直到得出研究结果。从研究结果的得出到研究结论的提炼，归纳逻辑很重要。因此，在量化研究论文的研究与写作过程中，演绎逻辑和归纳逻辑并重。

不过，以上流程无法完全无碍地套用于所有量化研究论文，对使用实验法、数学模型法等量化研究方法进行研究、写作的量化研究论文来说，即使是在选题阶段，也多以逻辑思维为主体思维。

比如，以《基于电喷印集成制造阵列化嵌金属电极柔性微流体管道》《广义齐次核重积分算子最佳搭配参数的等价条件及应用》这两篇论文为例，有多强大的想象力才想得出这种选题？靠想象，靠形象思维、发散思维，很难做到，类似选题的提出与确定，需要研究者有非常强大的逻辑推理能力。

到了研究与分析阶段，逻辑思维更为重要，此时，需要调用演绎逻辑，把各公式的推理过程完整、严谨地展示出来。

最后是结论阶段，这类论文的研究结果对归纳、总结的要求不高，因为相关结论非常简单，几乎不需要进行延展性陈述。

总之，量化研究以逻辑思维为主体思维，既要用到归纳逻辑，又要用到演绎逻辑，一般以演绎逻辑为重。

Chapter 09 第九章

质性研究的范文分析与论文写作结构

    质性研究在研究设计上以逻辑思维为主体思维,尤其重视归纳逻辑;在具体写作上以形象思维为主体行文思维。在选题阶段,质性研究论文可能会用到形象思维,让研究问题、论文标题更鲜活、生动。

一

质性研究的主体思维

质性研究需要结合使用逻辑思维与形象思维。在整体研究、写作工作的设计上，以逻辑思维为主体思维；在对具体资料的分析上，形象思维的影响无处不在，因为资料往往是形象的。

整体而言，质性研究要遵循归纳逻辑。因为质性研究的本质是从庞杂的资料、数据中提炼结论，所以对质性研究来说，在进行研究设计前，研究问题往往是不那么清晰、明确的，研究者需要随着研究的不断开展与深入，做好归纳工作，逐步修正研究问题。

质性研究兴起之初，部分学者曾尝试去弥补量化研究的缺陷，但绝大部分质性研究学者明白，自己的研究未必比量化研究更科学、更可靠。因此，在质性研究的发展、成熟过程中，"依靠越来越严谨的逻辑思维和技术性呈现让自己的研究看起来更科学、更可靠"成为很多质性研究学者的追求。

二

质性研究的范文分析

接下来，我们重点关注扎根理论、案例研究、民族志和深度访谈这4种常见的质性研究方法，配合范文，看一看用质性研究方法研究、写作的论文的行文思维和写作结构，并尝试探究质性研究整体遵循归纳逻辑的原因，以及在整体研究、写作工作的设计上以逻辑思维为主体思维，而在具体资料的分析上受形象思维影响的原因。

（一）使用扎根理论研究、写作的论文

以刊登在2023年第3期《信息资源管理学报》上的《在线品牌社区用户参与价值共创的互动行为转换机制——基于扎根理论的研究》为例。

该论文的写作结构如下。

1. 引言
2. 相关文献及理论回顾
3. 研究设计
   3.1 研究方法
   3.2 数据收集
   3.3 数据分析
4. 模型阐释与研究发现
5. 结论与启示

通过梳理以上结构，我们可以看到，整体而言，该论文行文的

逻辑思维非常明显。但是，在细节方面，该论文中不仅有很多形象化的语言，还有访谈对象口语化的内容，比如，作者提到"社区内的大家有着相同的爱好，十分聊得来""最大的收获是认识了很多志同道合的小伙伴"，这些口语化内容体现了质性研究论文可以在细节上以形象思维为主体思维、在整体上以逻辑思维为主体思维（尤其是归纳逻辑）的特征。

（二）使用案例研究方法研究、写作的论文

以刊登在 2023 年第 9 期《外国经济与管理》上的《数字平台企业如何实现价值创造？——遥望网络和海尔智家的双案例研究》为例。

该论文的写作结构如下。

一、引言

二、文献回顾

三、研究方法

　　（一）方法选择

　　（二）案例选择

　　（三）数据收集

　　（四）数据编码

四、研究结果

五、结论与讨论

通过梳理以上结构,我们可以看到,该论文整体上遵循的是归纳逻辑,以逻辑思维为主体行文思维的特点非常明显。

(三) 使用民族志研究方法研究、写作的论文

以刊登在2023年第6期《中国青年研究》上的《"开窍"与"自救":基于网络民族志的"二本学子"学历突围历程研究》为例。

该论文的写作结构如下。

一、问题缘起:"二本学子"的公众认知与学历困境

二、研究方法

三、"开窍":"二本学子"的歧视知觉与意志觉醒

  1."关键事件"的切身触动

  2."重要他人"的压力警醒

  3.个体自我的心智成熟

四、"自救":"二本学子"的突围路径与现实困阻

  1."自救"途径:从学历进阶到社会认同

  2."自救"阻碍:从环境掣肘到自我设限

  3."自救"策略:从外求于人到内省于己

  4."自救"结果:从"高光时刻"到"学历烙印"

五、结论与讨论:大学分层、学历出身与隐匿的不平等

  1.大学分层的逻辑:精英主义的初衷及背离

2. 学历成为出身：门第等级观念的当代"附魂"

3. 隐匿的不平等：学历与其他不平等的交叉

六、结语

通过梳理以上结构，我们可以看到，该论文在研究设计上以逻辑思维为主体思维，重点使用的是归纳逻辑。具体看论文内容，我们可以发现，该论文在写作上有很多以形象思维为主体行文思维的处理，比如，作者在论文中提到，某学子想报考某重点大学的研究生，却发现大家并不看好，认为他不可能考上，劝他换院校；无独有偶，另一位学子想跨专业考研，但是父亲不太支持，认为既然是磕磕碰碰地考上的非重点大学，想考研就必须比高考成绩优异的学生付出更多，对应的则是考上的可能性更小，综合考虑，应该现实一些，一切以就业为目标："抛开虚无的理想主义，那些理想随着你高考分数出来就已经烟消云散了。"正因如此，报考了重点大学研究生的非重点大学出身的学子往往对自己的报考学校讳莫如深，以回避周围人可能给予的质疑……相关的形象化语言，都是依托形象思维写出来的。

（四）使用深度访谈研究方法研究、写作的论文

以刊登在 2022 年第 3 期《中国青年研究》上的《"该生"妈妈为何不生？——基于重庆市 10 位母亲的深度访谈》为例。

该论文的写作结构如下。

一、研究背景及研究问题

二、文献综述：何为"该生"妈妈

三、研究方法

四、"该生"妈妈为何不生

    1. 生活和教育：祖辈与母职功能区隔化

    2. 育儿和婚姻：配偶缺位与亲密消解

    3. 身体和形象：主体忽视与关系丧失

    4. 自我和个性：生活失望与娱乐替代

五、个体化视角下"该生"却不生的消解

    1. 不生的缘起：为自己活

    2. 不生的加剧：冲突妥协

    3. 不生的消解：亲密重建

六、结论

通过梳理以上结构，我们可以看到，作者在分析过程中使用了许多口语化语言，不太"学术"，但非常形象。实际写作中，使用深度访谈研究方法研究、写作的论文是允许保留一些形象的内容的。

三 质性研究论文的写作结构总结

综上所述，在研究设计上以逻辑思维为主体思维，尤其重视归纳逻辑；在具体写作上以形象思维为主体行文思维，这是质性研究论文的显著特点。

此外，关注质性研究论文的标题，比如，《"该生"妈妈为何不生？——基于重庆市 10 位母亲的深度访谈》，我们可以发现，在选题阶段，形象思维也对质性研究论文有所影响，因为仅靠逻辑思维，是很难想出如此鲜活、生动的研究问题、论文标题的。

Chapter 10 第十章

常用数据库与检索技巧

了解国内外常用的数据库并掌握文献检索的实用技巧,有助于我们精准、高效地检索目标内容,提高研究与写作的效率。

一、国内常用的数据库

国内常用的文献数据库有中国知网、万方数据知识服务平台、维普中文科技期刊数据库，此外，还有一些专业的文献数据库，对应着不同学科、不同研究领域，比如智能型法律数据库"北大法宝"。

二、国外常用的数据库

国外常用的数据库比国内更加多样，包括大型综合性数据库，如 Web of Science、Scopus；出版社自营数据库，如 Elsevier ScienceDirect、Springer、Taylor&Francis、Wiley、SAGE；对应不同学科、不同研究领域的数据库，如 ACM、ACS、Cell Press、Westlaw。这些数据库，有的是免费的，有的是收费的，有的是半收费的，其中，对应不同学科、不同研究领域的数据库一般要求研究者所在单位、学校购买后才能使用，否则可能涉及侵权问题。

三 文献检索的实用技巧

善用中国知网的句子检索功能、WPS 的查找替换功能，了解文献跟踪工具和文献管理工具，并全面掌握优化检索词的技巧，能够帮助我们极大地提高检索目标内容的效率。

（一）善用中国知网的句子检索功能

我们使用较多的中文文献检索工具之一是中国知网。中国知网的句子检索功能经常被大家忽视，其实，在论文写作的过程中，这个功能非常好用。

1. 句子检索功能的使用场景

前文讲过，从选题阶段到撰写初稿阶段，检索与阅读文献的意义有限，只有带着具体的问题检索与阅读文献，才有事半功倍的效果。检索与阅读文献的目的不是照抄文献的具体表述，而是寻找论证依据，比如，想知道民族志这一研究方法是否适用于研究我们的问题时，我们需要寻找论据，先明确民族志这一研究方法适用于研究什么问题，再琢磨我们的问题在不在其研究范围内，最后引用文献，用论据证明我们选择的研究方法和目标问题的匹配性。

检索这么细节的内容时，以论文的标题、关键词、摘要等内容为检索依据显然不合适、不够精准，中国知网的句子检索功能由此派上大用场。

2. 句子检索功能的使用实例

中国知网的句子检索功能的使用界面如图 10-1 所示。

图 10-1

调出该界面的具体步骤如下。

第一步：打开中国知网，在首页找到"高级检索"入口。

第二步：点击"高级检索"链接，进入"高级检索"页面，即可在页面上方看到"高级检索""专业检索""作者发文检索""句子检索"等选项卡。

第三步：点击"句子检索"选项卡，即可调出句子检索功能的使用界面。

在句子检索功能的使用界面完成检索设置，比如，限制检索内容的类型，即可使用句子检索功能。

举个例子，如果想检索"民族志的适用性"，我们可以如图 10-1 所示，设置检索条件为"在全文'同一句'话中，含有'民族志'和'适用性'的文章"，实施检索，即可得到与民族志的适用性强相关的检索结果，如图 10-2 所示。

```
☐ 1 句子1：上海财经大学赵珂提出数字时代跨文化传播研究应聚焦传播主体身份建构、传播平台与媒介渠道、（人-人与人-机）传播互动过程与效果、跨文化传播能力等话题。她还结合相关研究案例，分析讨论了大数据文本挖掘、（网络）民族志与设计研究等研究方法的适用性与合理性。
句子来自：全球语言治理研究的方法探索与路径创新——"第三届全球语言治理论坛"综述
作者：杨晓春；孙雨  【期刊】  来源：中国外语  2023-07-01  下载 129

☐ 2 句子1：4.1 引进国外先进经验，倡导民族志方法的应用，国外图书馆领域使用民族志方法研究解决实际问题已经具有很多较为成功的实例，我国图情领域的研究人员应积极学习相关经验，立足我国本土实际，探讨民族志方法用于解决图书馆问题的适用性问题，如何提出研究问题，如何科学地开展资料收集、记录和分析，如何撰写研究报告等方面展开讨论。
句子来自：民族志方法在国外图书馆学研究中的应用
作者：石娇娇，尹舒悦；于超  【期刊】  来源：图书馆建设  2023-05-15  下载 104

☐ 3 句子1：本文一方面结合田野个案，从实践角度思考和回应新闻民族志对于互联网时代新闻生产研究的适用性问题，并尝试对传统的新闻民族志方法进行改造，以应对数字新闻生产的新格局；
句子来自："空荡荡的编辑室"：互联网时代新闻民族志的重思与改造——基于对一家省级党报的田野研究
作者：王敏  【期刊】  来源：新闻记者  2022-06-20  被引 1  下载 1303

☐ 4 句子1：民族志方法是社会科学研究具有普遍适用性的认知写作方法。
句子来自：精准还原陈忠实的审美世界——评邢小利关于陈忠实的研究
作者：赵德利  【期刊】  来源：南方文坛  2021-07-02  下载 159

☐ 5 句子1：五、"互联网+教育"网络民族志研究面临的挑战  网络民族志对于"互联网+教育"研究虽然具有一定的适用性，但是在实践操作中也面临隐私、伦理等方面的挑战，需要研究者谨慎处理。
句子来自：网络民族志："互联网+"时代教育研究的新路径
作者：肖婉  【期刊】  来源：电化教育研究  2021-04-01  被引 7  下载 2017
```

图 10-2

研究图 10-2 可知，有学者介绍了民族志这一研究方法的适用性，还有学者提到了民族志这一研究方法虽然有一定的适用性，但是也存在一些问题。我们可以从这些检索结果中找到论证民族志这一研究方法是否适用于研究目标问题的依据。

这就是使用句子检索功能的好处。

再举一个例子，我们想知道二孩妈妈对待生育的态度，也可以使用中国知网的句子检索功能。检索界面如图 10-3 所示，设置检索条件为"在全文'同一句'话中，含有'二孩妈妈'和'生育'的文章"。

图 10-3

实施检索，即可得到如图 10-4 所示的检索结果。

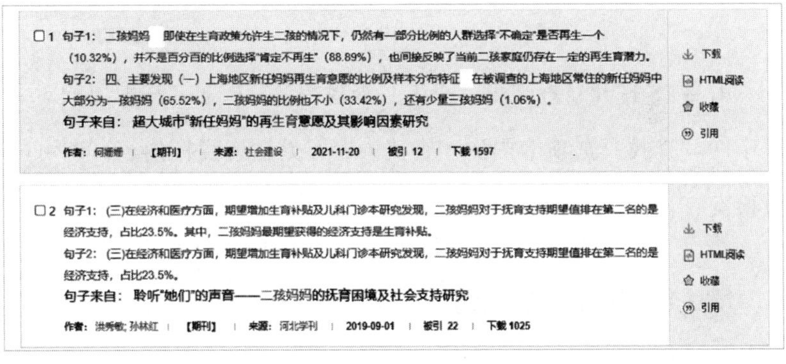

图 10-4

研究图 10-4 可知，有学者说"即使在生育政策允许生二孩的情况下，仍然有一部分比例的人群选择'不确定'是否再生一个"，也有学者说"二孩妈妈最期望获得的经济支持是生育补贴"。这些检索结果,均可辅助我们判断二孩妈妈对待生育的态度。

由此可见,有时,有用的句子在论文的主体内容中,而非论文的标题、摘要、引言中,使用中国知网的句子检索功能,可以高效地检索到目标内容。

(二) 善用 WPS 的查找替换功能

如果我们面对的是外文文献,且对应的外文数据库没有提供句子检索功能,我们可以先将文献下载到电脑上,再使用 WPS 内置的查找替换功能检索目标内容。WPS 内置的查找替换功能的位置及其按钮如图 10-5 所示。

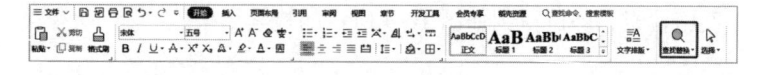

图 10-5

用 WPS 打开目标文献,点击"查找替换"按钮,在弹出的对话框中的"查找"选项卡内的"查找内容"处输入目标内容,即可高效检索。

(三) 使用文献跟踪工具

在文献阅读方面,我们可以使用一些文献跟踪工具,跟踪检索目标研究方向上的相关文献。常见的文献跟踪工具有国外的 PubMed、国内的悟空科研等。

悟空科研是一个小程序,可以在微信上搜索使用。设置特定的检索词后,悟空科研会每天为我们推送与我们的研究方向一致的文献,非常智能。

(四) 使用文献管理工具

目前,市面上有一些文献管理工具,如 EndNote、Connected Papers。使用这些工具对参考文献、引用、论文编号等进行处理是非常高效的,掌握后可以事半功倍。

(五) 优化检索词

不管使用哪个工具进行文献检索,都不要忽视对检索词的优化。关注词性、关注语义、关注概念范围等注意事项常被提及,此处不再赘述,接下来详细介绍两个鲜被提及的检索词优化方法。

1. 灵活试用目标检索词的相关词

优化检索词的时候,灵活很关键。可以考虑试用目标检索词的相关词,包括目标概念的上层概念、下层概念、平行概念等。比如,以"桌子"为检索词时检索不到理想的内容,可以尝试以"桌子"的上层概念"家具"为检索词,或者以"桌子"的平行概念"椅子"为检索词——只要有明确的关联性,都可以试一试。

2. 特别关注目标概念的语种差异

检索文献时,我们需要特别关注目标概念的语种差异,因为有些概念是国内特有的,在外文数据库中检索很有可能检索不到。比如,"思想政治教育"这一概念是中国特有的,在外文数据库中检索相关内容时，可以尝试以"通识教育""自由教育"等为检索词。只要关注到不同的文化背景，找到目标概念的同类概念并不难。

Chapter

11

第十一章

文献检索与引用

在论文的选题、框架构建及内容撰写过程中,文献检索与引用发挥着至关重要的作用,不仅能帮助我们确定研究主题、选择适用的研究方法、提高选题的创新性,还能帮助我们找到建立理论框架和方法框架的科学依据,使论文的结构更加严谨。此外,引用文献是确保论文内容客观的重要手段,通过在不同的写作阶段灵活采取不同的引用策略,我们可以有效减少主观观点的输出,提高论文的学术性和说服力。

一

论文选题创新性的依据

在选题阶段，文献检索与引用可以辅助我们确定研究主题、选择研究方法，并全面提高选题的创新性。

（一）研究主题的确定

在选题阶段，确定研究主题经常需要依托文献，换句话说，文献检索与阅读是确定研究主题的常用方法之一。

确定研究主题之前，我们往往要全面接受目标研究领域的各类信息，包括专业人士的过往研究成果、大众关注的未来研究方向、身边导师/合作者的重点研究问题等，在这一过程中，检索并阅读相关文献是我们确定自己的研究主题的常用方法之一。

（二）研究方法的选择

在选题阶段，选择研究方法也经常需要依托文献。比如，确定自己的研究主题、提出研究问题之后，如何判断意向研究方法与目标研究问题是否匹配？如何确认意向研究方法是否已经过时？这都是我们需要考虑的问题。

选择研究方法时，我们可以多检索、阅读一些与我们的研究主题、研究问题相关的文献，看看它们在研究过程中使用了哪些研究方法。如果发现相关文献涉及的研究使用了 A 方法、B 方法，没有使用 C 方法，那么，我们可以考虑是否使用 C 方法进行研究。在什么情况下我们可以使用 C 方法进行研究呢？一方面，我们要确定 C 方法适用于我们的研究问题；另一方面，我们要确定使用 C 方法比使用 A 方法或 B 方法好。如果 C 方法不适用于目标研究问题或逊色于 A 方法、B 方法，我们就需要放弃这一思路，转而寻找更多的创新点。

因此，在选择研究方法时，我们需要多多关注文献检索与文献阅读。

（三）选题创新性的整体判断

初步确定论文选题后，我们需要整体判断选题的创新性。这时，最常见的操作是以目标选题为检索词，在数据库中进行检索，看看有多少相关文献。

因此，整体判断选题的创新性时，也需要多多关注文献检索与文献阅读。

二、论文框架科学性的依据

在论文写作的过程中，文献检索与引用可以辅助我们建立论文的框架,有时候是辅助我们建立论文的理论框架,有时候是辅助我们建立论文的方法框架。

(一) 文献辅助建立理论框架的实例

以刊登在2018年第1期《马克思主义与现实》上的《贫困代际传递的内生原因与破解路径》为例。

在论文主体第一部分的第一段,作者提到"这种排斥作用可以归结为两类:客观体制性排斥与主观能力排斥,即结构机制和文化机制。结构机制和文化机制在一定条件下会相互转化,结构机制内化为文化机制,文化机制外化为结构机制,共同引发贫困代际传递的事实",这部分内容是引用内容,引用的目的是为后续介绍"双重机制"提供框架依据。

在论文主体第二部分的第一段,作者提到"贫困在结构机制和文化机制的交互作用下出现代际传递,其内生原因由经济资本、人力资本、社会资本和心理资本共同构成",这部分内容也是引用内容,引用的目的是为后续从经济资本、人力资本、社会资本、心理资本4个方面入手进行论述提供框架依据。

在论文主体第三部分的第一段,作者提到"由于贫困代际传递是在经济资本、人力资本、社会资本和心理资本的共同作用下,通过结构机制和文化机制起作用的,……",这部分内容依旧是引用内容,引用的目的是为后续列举破解路径提供框架依据。

综上所述,论文主体各部分的框架建立都有引用内容作支撑,这就比"凭感觉"写出来的论文好得多,因为所有内容都有严谨的依据。

注意,大多数时候,理论框架的建立是依托文献引用的。

以刊登在 2021 年第 4 期《大学教育科学》上的《信息不对称理论视域下新高考改革的困境及突破》为例,再次介绍文献辅助建立理论框架的操作。

在《信息不对称理论视域下新高考改革的困境及突破》中,作者使用信息不对称理论分析了新高考改革陷入困境的原因。

在论文主体第三部分的第一段,作者提到"信息不对称理论认为,市场主体间信息的不完整必然导致认识偏差,而交易双方在信息不对称情况下进行博弈必然导致逆向选择、道德风险",这部分内容是引用内容,由此,作者得出了"多级委托—代理传播过程中的'信息损耗'、信息不完整情境下学生与高校的'逆向选择'、契约精神与约束制度弱化作用下利益相关者的'道德困境'是导致改革遭遇上述问题的主要原因"这一观点,并围绕这 3 个原因进行了具体分析。

由此可见,引用内容确实为后续分析建立了理论框架,不然,分析内容为何是 3 条,而不是 5 条;为何是以上 3 条,而不是另外 3 条呢?

因此,在分析问题出现的原因时,如果不确定应该分几条写,可以试试先完成文献引用、建立理论框架,再进行分析。

（二）文献辅助建立方法框架的实例

对实证研究来说，文献引用可以辅助我们建立方法框架。

以刊登在 2023 年第 3 期《信息资源管理学报》上的《在线品牌社区用户参与价值共创的互动行为转换机制——基于扎根理论的研究》为例，部分论文内容如图 11-1 所示。

> 3.1 研究方法
>
> 互动是价值共创的行为基础。初次进入社区后，在线品牌社区用户的互动方式并不是一成不变的，其行为存在着一个动态变化的转换过程。相比量化研究聚焦于某个时间点，扎根理论更适合对过程进行分析[61]，归纳用户互动行为转换过程与路径进行探索性研究。本研究通过挑选在线品牌社区内的活跃用户并与其进行一对一的深度访谈收集第

图 11-1

在论文主体第三部分的"研究方法"部分，作者提到"互动是价值共创的行为基础。初次进入社区后，在线品牌社区用户的互动方式并不是一成不变的，其行为存在着一个动态变化的转换过程。相比量化研究聚焦于某个时间点，扎根理论更适合对过程进行分析，……"，论述扎根理论的适用性时，作者明显进行了文献引用，这一方面能辅助自己建立方法框架，另一方面能说明自己为什么要使用扎根理论研究相关问题。

以刊登在 2023 年第 5 期《南开经济研究》上的《配偶退休会改变中老年人的健康行为吗？——断点回归的经验证据与 Becker 利他主义的理论解释》为例，再次介绍文献辅助建立方法框架的操作。

部分论文内容如图 11-2 所示。

四、实证研究设计

（一）断点回归设计

夫妻可能存在联合退休行为，如果仅考虑单一个体的退休决策及内生性，而忽视夫妻间退休决策的互相影响，可能难以得到准确的退休处理效应（Banks 等，2010）。本文按照 Müller 和 Shaikh（2018）提出的解决方法，在 RDD 框架下同时纳入了"配偶"退休和"本人"退休两个变量。具体模型设定如下：

$$Y_{it} = \alpha + \tau_1 R_{it}^p + \beta_1 \tilde{X}_{it}^p + \beta_2 \tilde{X}_{it}^p R_{it}^p + \tau_2 R_{it} + \beta_3 \tilde{X}_{it} + \beta_4 \tilde{X}_{it} R_{it} + \beta_5 Z_{it} + \lambda_t + \varepsilon_{it} \quad (1)$$

其中，R_{it} 和 R_{it}^p 是"本人"i 及其"配偶"在 t 年的退休状态，Y_{it} 是"本人"i 在 t 年的健康行为。$\tilde{X}_{it}^p$ 为"配偶"的标准化年龄，等于 $X_{it}^p - c$，X_{it}^p 为"配偶"在 t 年的年龄，c 为法定退休年龄；$\tilde{X}_{it}$ 的定义与 $\tilde{X}_{it}^p$ 类似，表示"本人"的标准化年龄。Z_{it} 为控制变量，包括性别、教育、家庭规模；λ_t 为年度哑变量，控制时间变化趋势的影响。

偏系数 τ_1 和 τ_2 分别捕捉了"配偶"退休和"本人"退休对"本人"健康行为的影响效应。由于我们需要同时处理"配偶"退休和"本人"退休的内生性，本文沿用 Lee 和 Lemieux（2010）的 RDD 分析思路，将强制退休政策带来的外生冲击作为工具变量，以识别"配偶"退休和"本人"退休对健康行为的因果效应。强制退休政策规定，通常情况下，男性满 60 岁、女性满 50 岁退休。法定退休年龄存在明显的性别差异，给夫妻双方造成了不同的外生性冲击，即 D_{it}^p（$D_{it}^p = 1[\tilde{X}_{it}^p \geq 0]$）和 D_{it}（$D_{it} = 1[\tilde{X}_{it} \geq 0]$）是两个完全不同的工具变量。因此，在模型(1)之前，可以利用外生的 D_{it}^p 和 D_{it} 对内生变量进行第一阶段回归，即模型(2)和模型(3)。

图 11-2

作者在论文主体第四部分"实证研究设计"的第一段提到的"夫妻可能存在联合退休行为，如果仅考虑单一个体的退休决策及内生性，而忽视夫妻间退休决策的互相影响，可能难以得到准确的退休处理效应（Banks 等，2010）。本文按照 Müller 和 Shaikh（2018）提出的解决方法，在 RDD 框架下同时纳入了'配偶'退休和'本人'退休两个变量"是作者在 Müller 和 Shaikh（2018）提出的解决方法的基础上进行改进后的内容。

在同一部分的第三段，作者提到"由于我们需要同时处理

'配偶'退休和'本人'退休的内生性，本文沿用 Lee 和 Lemieux（2010）的 RDD 分析思路，将强制退休政策带来的外生冲击作为工具变量，以识别……"，可以看出，这些文献的引用都是在辅助作者建立方法框架，即为什么选择这个研究方法、为什么这样进行研究设计等，有时候，这种问题非常难回答。

比较巧妙且简单的处理方式是用别人已经发表的文献来证实我们这样做是可以的。

三、论文内容客观性的依据

在论文写作过程中，引用文献可以呈现作者对论文写作客观性的追求。

学术论文的写作要尽量避免主观，因此，使用引用是非常好的写作方法——引用越到位，论文写作的主观性越弱。

在论文写作的不同阶段，引用策略是有差异的。

首先，在撰写初稿阶段，我们要重点考虑的是如何尽快将论文写完，这个时候的引用策略是"多引用，少说话"，即多引用别人的观点，少输出自己的观点。因为此时写的仅是初稿，所以不用担心论文写完之后重复率过高的问题。这样做，有一个非常明显的好处，即避免论文写得过于主观。如果无法在撰写初稿阶段解决主观性过强的问题，在随后的修改框架、修改细节阶段会更难处理相关问题。

其次，在修改框架阶段，最适用的引用策略是"一边引用，一边说话"，即一边引用别人的观点，一边输出自己的观点。

最后，在修改细节阶段，可以采取"引用与说话并行"这一引用策略。如果引用在前，那么引用的作用就是引申出自己的观点，即引用是为输出自己的观点做铺垫；如果引用在后，那么引用是作为自己的观点的证据存在的，即用来佐证自己的观点。这个原则，我们有时候叫它"前铺后申"。

由此延展，在行文上，有两种不同的写作策略。

第一种，先引用别人的观点，再接着别人的观点输出自己的观点。

第二种，先输出自己的观点，再引用别人的观点支撑自己的观点。需要注意的是，不能连续引用别人的观点，即不能在引用 A 的观点后紧接着引用 B 的观点，否则很容易提高重复率。我们一般会要求在 A 的观点和 B 的观点之间输出一句或多句自己的观点。

总之，引用前后必须有自己的观点，而自己的观点前后应该有引用的内容。

Chapter

12
第十二章

文献引用的查重与降重

本章探讨论文查重与降重的复杂性,创新性地提出降重的过程其实是一个倒逼创新的过程,可以成为提高论文质量的契机。

一、文献引用的查重及其层次

重复率高的论文一定是抄袭严重、质量堪忧的论文吗?这得从论文重复率的出现原因说起。全面了解论文重复率的出现原因和关于查重的争议后,大家会发现,重复率的高低不一定与创新性的强弱正相关,且查重对创新的影响存在两面性,需要理性对待。

(一)论文重复率的出现原因

论文重复率的出现,有主观恶意抄袭、引用不当、表述重复等表层原因,究其根本,是论文中的原创内容较少。接下来,我们详细分析论文重复率的出现原因和查重的层次。

1. 表层原因

$$论文重复率 = \frac{论文重复字数}{论文总字数} \times 100\%$$

由公式可知,论文重复率高的一大原因是重复的内容太多了。出现这种情况,可能有 3 种原因:其一,主观恶意抄袭,比如大篇幅复制、粘贴;其二,引用不当,很多人不知道应该如何规范引用;其三,表述重复,很多人在写论文的时候可能没想到自己所表述的内容已经被别人表述过了。这 3 种原因,都会导致论文的重复率偏高。

2. 深层原因

$$论文总字数 = 原创字数 + 重复字数$$

论文重复率高还可能有一个原因，与"论文重复率"公式中的分母"论文总字数"有关。在"论文重复率"公式中，分母越大，重复率越低；分母越小，重复率越高。在论文总字数为原创字数与重复字数之和的情况下，降低重复率最简单、直接的方法是努力增加原创字数，而非仅减少重复字数。

具体而言，查重报告出来后，如果重复率非常高，我们有两种处理方法：一种处理方法是对查重报告中的所有被标红的内容进行修改，这是减少重复字数；另一种处理方法是多写一些原创内容，即增加原创字数。

3. 查重的层次

从查重层次入手分析，重复率的出现原因有 3 个。

第一个原因，形式性原因。不管谁写论文都会引用相关法律条文、图表、代码、公式等，这些都可能导致重复率的出现。

第二个原因，观点性原因。从内容方面看，重复率的出现可能涉及观点的重复。注意，有时，具体到某一个段落，我们说了一句话，这句话查重查不出来，并不代表相关观点就是我们原创的，除非我们进行过文献比较，而且是严格的文献比较。

第三个原因，对比库选择原因。对比库包括中国知网、万方数据知识服务平台、JSTOR 等国内外数据库。同一篇论文，查重时使用的数据库不同，会有不同的查重结果。

从这 3 个方面入手分析，我们可以对论文的查重与降重有一个预测性认识。

(二) 关于查重的争议

重复率究竟意味着什么？查重是有利于研究创新的，还是会阻碍研究创新？关于查重的意义，实际工作中有不少争议，择其二与大家一起分析、探讨。

1. 重复率低不一定有创新，重复率高也不一定是抄袭

先说"重复率低不一定有创新"。

有人认为，重复率的高低与论文内容是否为创新内容没有必然关系。一方面，内容内核相同，但文字表述不同时，不会在重复率上有所体现。另一方面，很多东西是查重时查不出来的，比如查重时使用的恰好是未收录被抄袭内容的数据库。

不管是写期刊论文，还是写学位论文，查重只是第一关，第二关更加难过，即人工审核。

举个例子，某人写了一篇期刊论文，投稿至某一期刊，通过了数据库查重，即通过了第一关后，进入外审专家审核阶段。该论文中的某一段话为对某学者观点的改述，而该观点恰恰是这篇论文的外审专家的原创观点，在这种情况下，这位外审专家一眼就能看出问题，较真的外审专家甚至会拿出原文与该论文对比。这个例子中的情况虽然比较极端，但是是有可能出现的。

再举一个例子，某学生写了一篇学位论文，论文中大段引用了某专家的一段话,查重时没被查出来,但是答辩时,该专家恰好是论文答辩委员会的答辩委员。这极有可能导致该学生的答辩结论为"不通过"。

因此,写论文时,不能抱有侥幸心理,不能认为通过了查重,就不再有被查出学术不端的风险。

再说"重复率高不一定是抄袭"。

为什么说重复率高不等于抄袭现象严重?比如,自我引用会导致重复率的提高,但这显然不是抄袭行为。再如,A 于 10 年前写的某段话在 5 年前被 B 引用了,如今,A 在写新的论文时引用了自己于 10 年写的那段话,仅收录了 B 的作品的数据库判定 A 抄袭 B,这显然是不合理的。在实践中,还有不少更复杂的情况。

因此,重复率并不是判断论文质量的唯一标准。

2. 查重是促进创新还是阻碍创新

有人认为查重是在促进创新,因为增加查重这一步骤后,写论文的人就不能无所顾忌地"引用"了;也有人认为查重是阻碍创新的环节,因为以前写论文的人都是小心翼翼地"引用",生怕被别人发现,现在则不同,查重时,相似的内容会被标红,改掉被标红的内容就没问题了。

两种说法都有道理,这个争议启示我们:不能不重视查重工作,也不能机械地依赖、滥用查重工具。

二、文献引用的降重及其层次

写论文,必须将论文重复率控制在各院校、期刊设定的安全线内,在这种情况下,降重是很多论文作者非常熟悉的操作。降重,应该以增加原创内容为主,尽量避免仅进行简单、粗暴的形式化修改。通过巧妙结合引用与原创,分阶段合理处理重复内容,降重甚至可以成为提高论文质量的契机。

(一) 重复率安全线

重复率有一个安全线。

对学位论文来说,大部分学校要求学士学位论文的重复率不超过 20%,硕士学位论文的重复率不超过 10%,博士学位论文的重复率要求更高,有的学校甚至要求重复率为 0。

对期刊论文来说,重复率一般不能超过 10%,有的期刊会要求重复率在 5% 以内。当然,有一些非核心期刊会将要求放宽到 20%,甚至 30%。

(二) 降重的层次

删减、改述重复部分可以达到降重的目的,但这种操作非常低级。如果能够通过增加原创内容,同时达到降低重复率与提高写作质量的目的，何乐而不为呢？

降重的 3 个层次的操作如下。

1. 引用主导：删减与改述

面对论文重复率过高的情况，很多人的处理策略是删减、改述重复内容。比如，别人写"张三买了一根黄瓜"，我们把这句话改成"张三买了一种绿色蔬菜"。这是一种非常低级的降重操作，不建议大家使用。虽然查重查不出来，但是很难躲过人工审核。

2. 双重主导：引用与原创兼具

相对而言，较理想的降重方法是增加原创内容。比如，论文的某一句话在查重时被标红了，我们可以保留这个被标红的句子，即维持引用，在引用内容的前面或后面增加自己的原创内容。当引用内容前后的原创内容增加到足够多时，重复率会降低。

3. 原创主导：引用分句，甚至词语

这是最值得提倡的引用方法，即我们可以引用，但是只引用半句话，甚至只引用一个词，而不是整句、整段地引用。比如，将所有的引用片段控制在 6 个字之内，就不太会遇到重复率高的问题了。

（三）降重建议

如果能做到以下两点，降重将不再是不得不完成的任务，而华丽转身成为倒逼自己输出原创内容的成长机会。

1. 放弃形式化操作，在内容层面实现"用引用倒逼原创"

从降重的角度说，建议大家放弃形式化操作，比如简单、粗暴

地将"黄瓜"改成"蔬菜",因为这样改对解决实质问题无益。

实际写作中,我们提倡在内容层面"用引用倒逼原创",即我们可以在使用引用深化原创或者使用引用佐证原创的情况下"多引用"。换句话说,在论文中,凡是有引用内容的地方,都应该增加原创内容表述自己的理解,或者用引用内容来辅助证明我们的原创观点。

2. 采用不同策略,分阶段合理处理重复内容

在论文写作的不同阶段,应该合理采用针对性策略。

在撰写初稿阶段,应该坚持遵循"多引用,少说话"的原则,因为论文初稿是不必查重的,所以不用担心重复率高。

到了修改框架、细节阶段,应该处理好引用与原创的关系,大量输出原创内容,采用"一边引用,一边说话""引用与说话并行"等策略降低重复率。

总之,不管是在撰写初稿阶段还是在修改框架、细节阶段,降低重复率的策略都不是减少引用,而是增加原创。

三、查重与降重的实例

如图 12-1 所示，是一个查重报告实例。

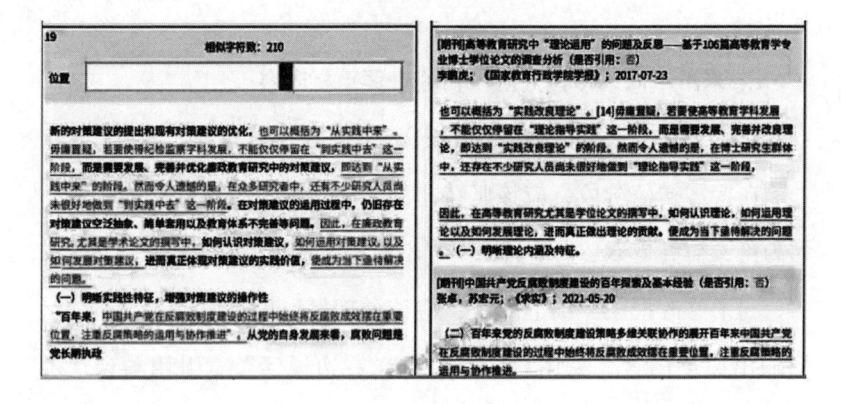

图 12-1

我们可以看到，在这个查重报告中，有非常多被标红的内容（图中的灰色内容）。接下来，我们从中找几个句子，看看如何处理。

以"因此，在廉政教育研究，尤其是学术论文的撰写中，如何认识对策建议，如何运用对策建议，以及如何发展对策建议，进而真正体现对策建议的实践价值，便成为当下亟待解决的问题"这句话为例，如果进行形式化处理，我们可能会将"学术论文"改成"期刊论文"，将"撰写"改成"写作"或"创作"等。坦白地讲，这样修改的意义不大，因为抄袭就是抄袭，再怎么换词也改变不了抄袭的本质。

那么，应该如何修改呢？可以改为"因此，对廉政教育研究而言，高质量的学术研究及成果产出是尤为重要的。对策建议是学术论文的重要部分，对策建议质量的高低直接影响其实践价值，因此，我们必须提高论文写作的对策建议的针对性"。如果能使用句子检索功能，找到"高质量的学术研究及成果产出是尤为重要的""对策建议是学术论文的重要部分""对策建议质量""对策建议的针对性"等短句的出处，标注引用，写作效果将更加理想。

修改后，这部分内容中多了三四个引用内容，但是重复率会有所下降。

由此可见，综合采用多种降重策略，论文的写作质量会大幅提高。而且，这样处理，降重的过程其实是一个倒逼创新的过程，我们不应该放弃这样的提高机会。

Chapter 13 第十三章

引言写作的逻辑结构

引言写作,需要依次解决为什么写、写什么、怎么写的问题,其写作逻辑具有差异性、变化性、整体性、灵活性等特性,具体的行文内容可根据所属学科、所用研究方法和写作习惯的不同进行动态调整。

一、引言写作的思维过程

引言的作用是引导读者开启阅读并了解论文的价值。在实际工作中,有的论文会把本应该在结论部分呈现的"理论贡献"相关内容前置至引言部分,让读者尽快了解论文的价值。

总体而言,引言有如下 3 个功能。

第一,还原选题过程,展现选题价值。引言的第一部分是研究主题及其重要性,随后是文献综述及文献批评。实际上,在前期确定选题时已经完成了文献综述和文献批评的相关工作,但是因为确定选题的过程读者看不到,所以需要在引言部分对相关内容进行完整地还原,让读者看到选题是如何一步步确定下来的,进而了解选题价值。

第二,呈现研究设计,论证研究科学性。引言部分需要交代研究方法、理论基础、研究步骤、预期结果等内容,让读者看到研究设计是科学的、合理的。

第三,逻辑层层递进,引导读者阅读。从读者的角度讲,能不能顺畅地阅读是最重要的。无论是还原选题过程,还是呈现研究设计,引言部分的内容都是根据读者的阅读习惯设计的,而非从写作角度出发进行设计。如果从写作角度出发进行设计,选题确定下来后,完全可以先写正文,再写引言;先介绍研究设计,再进行文献综述。但根据读者的阅读习惯进行设计，必须按照阅读逻辑，一步步地引导读者——读者知道作者要写什么、为什么写之后，才会关心作者怎么写、写得好不好。

二、引言写作的逻辑结构

从形式上看，引言有 8 个要素，分别为实践背景、文献综述、文献批评、前沿文献、研究问题、研究方法、预期结果、研究价值。这些要素，在初级教程中已经介绍过，这里不再赘述。接下来，我们来了解为何要这样设计引言要素，以及这些要素为何这样排布。

从逻辑上讲，引言的 8 个要素对应的是为什么写、写什么、怎么写这 3 个问题。从阅读习惯的角度看，读者在阅读引言之前，已经通过标题知道论文要写什么了，因此，引言的第一个要素不应该是告诉读者论文要写什么，而应该是告诉读者论文为什么要这样写，比如从实践和理论两个方面入手强调论文的研究问题的重要性；读者认识到论文的研究问题的重要性之后，会自然地产生一个疑问：如此重要的研究问题从何而来？此时，需要用文献综述、文献批评、前沿文献等解答读者的疑问，证明研究问题不是无中生有，而是有理有据地逐步提出的；明确研究问题的来路后，读者会产生另一个疑问：如此重要的研究问题，作者能研究好吗？因此，引言要继续交代作者的研究方法、预期结果、研究价值。由此可见，引言的要素设计是有讲究、有逻辑的，对应着研究理由、研究目的和研究计划，顺序是相对稳定的。

围绕为什么写、写什么、怎么写这3个问题，我们可以推导出引言写作的三步逻辑：导入逻辑、分析逻辑、导出逻辑。

首先，通过介绍"为什么写"，将读者引入作者的写作逻辑。读者的阅读逻辑和作者的写作逻辑往往不同，如果读者无法进入作者的写作思维，很难迅速感知论文的价值。

其次，通过介绍"写什么"，为读者呈现论文的理论脉络，告诉读者研究问题从何而来。

最后，通过介绍"怎么写"，向读者交代研究计划，引导读者走出引言，进入主体部分。

整体来看，引言写作是一个开放式写作——先把读者引进来，再进行详细的内容介绍，最后把读者导出引言，导入论文主体部分。具体而言，写"实践背景"是为了引出研究主题，写"文献综述"是为了将读者引向学术史，写"文献批评"是为了找到已有研究的缺陷，写"前沿文献"是为了呈现当前最新的研究趋势，写"研究问题"是为了指明研究的核心问题，写"研究方法"是为了交代研究设计，写"预期结果"是为了说明潜在的理论创新，写"研究价值"是为了从理论回归实践。

由此可见，引言写作的整体逻辑是"实践—理论化—理论分析—实践","实践背景"是实践层面的内容,"文献综述"是理论化层面的内容,"文献批评""前沿文献""研究问题"是理论分析层面的内容,"研究方法""预期结果""研究价值"是回归实践层面的内容。

三、引言写作逻辑的动态性

引言的写作逻辑,有差异性、变化性、整体性、灵活性等特性,接下来分别介绍。

(一)差异性

引言的写作逻辑有学科差异、方法差异,并且会受作者写作习惯、期刊风格、学术传统等多种因素的影响。比如,写学位论文时,会受到导师写作风格的影响——有的导师认为引言写得越详细越好,有的导师则认为引言没有必要写得太详细。不同的人,观点不一样。从这一点上看,引言写作逻辑的差异性明显,是动态的。

(二)变化性

写引言,无论是否要在形式上将8个要素写完整,在逻辑上,都要充分论证为什么写、写什么、怎么写这3个问题。是写8个要素，还是写 5 个要素，甚至仅写 3 个要素，都可以，能把每个问题都交代清楚即可。因此，引言写作逻辑具有变化性，是动态的。

注意，在实际写作过程中，论证 3 个问题的顺序不是固定的，可以根据行文需要灵活调整。比如，前文提到，介绍研究理由时，第一个要素是实践背景，实际上，先交代理论背景也未尝不可。再如，研究设计和理论贡献的说明顺序是可以调整的，尤其是在量化研究论文中，经常能见到类似的操作。由此可见，引言写作在形式上也具有一定的变化性，是动态的。

（三）整体性

引言的作用是先将读者从选题导向引言，再将读者从引言导向论文主体部分，因此，引言写作需要充分考虑选题逻辑和主体部分的写作逻辑。在论文写作大逻辑的框架中，作者需要明确引言的写作逻辑，并据此动态安排各要素的布局、详略。比如，为什么不能把论文主体部分中非常详细的内容写在引言中？因为读者阅读时会被这些细节内容干扰，难以准确了解与把握论文的研究主题。实际上，引言并不属于论文主体内容，而是和标题、摘要、关键词一样，属于选题内容，从大逻辑上讲，它们的作用都是让读者觉得相关研究是非常重要的。

（四）灵活性

在具体的引言写作中，根据行文逻辑，不同要素可以合并出现，同一要素也可以拆分出现。比如，针对"实践背景"，可以拆分为两部分写，穿插理论背景，这样的写作是没有问题的、常见的。再如，在某量化研究论文的研究设计部分，作者写了三大段内容，首先介绍自己要使用什么研究方法，然后提出两个研究难点，最后说明如何解决难点问题，相当于把"研究方法"这一要素拆分为3个部分进行了介绍。又如，"文献综述"和"文献批评"是可以合并出现的。

　　需要强调的是，虽然引言写作的三步逻辑是固定的，但是相关内容的顺序是灵活的，三步逻辑和引言的各要素并非一一对应，具体如何处理，取决于行文的需要。对新手作者来说，调整得过多，可能会出现所写论文不符合论文写作规范的问题，因此，建议大家在撰写初稿阶段尽量遵循论文写作规范，到了修改未定稿阶段再考虑如何处理更有利于读者阅读的问题。

Chapter 14 第十四章

引言逻辑的范文分析

本章，我们通过范文了解自然科学与工程技术实验论文、人文社会科学思辨论文、人文社会科学实证论文的引言逻辑。

一

自然科学与工程技术实验论文的引言逻辑

以刊登在 2023 年第 4 期《中国科学：技术科学》上的《基于电喷印集成制造阵列化嵌金属电极柔性微流体管道》的引言为例，分析自然科学与工程技术实验论文的引言逻辑。

引言范文的第一句是"几何尺寸小于……，由于其体积小、易集成等优势，已经在许多领域显示出巨大的应用潜力，例如，……"，其后列举了微流体管道在多领域的应用。从逻辑关系上看，"例如"后面的例子是"已经在许多领域显示出巨大的应用潜力"的证据。提供证据证明了微流体管道确实有很大的应用潜力后，引言范文用"因此，微流体管道的制备技术成为备受关注的一个关键技术"这句话自然地引出了研究主题。引出研究主题后，引言范文紧接着写到"其中，微电极与微流体管道的集成在以上应用中均存在广泛的应用潜力"，逐步将读者的关注点从研究主题引向研究问题。注意，前文提到的"微流体管道制备"只是研究主题，不是研究问题。作者使用"……在以上应用中……"这一句式将读者的关注点引向研究问题，消除了主观论述过多的可能性。随后，作者提出"如何以快速、灵活、低成本的方式制备……，显得越来越重要"，正式将读者的关注点引到了研究问题上。

整体来看，引言范文的第一段，作者的论述逻辑是非常严谨的。首先，引出研究主题并介绍其重要性；其次，提供证据；再次，得出一个观点，总结出"微流体管道的制备技术是非常重要的"这一结论；最后，过渡到微电极与微流体管道的集成上。微电极与微流体管道的集成是非常机械的，作者想做这个研究，但很难解释清楚自己为什么想做这个研究，怎么办呢？直接罗列一些应用实例，可省去对"为什么要做这个研究"的主观解释。

引言范文的第二段写的是"如何制备"的问题。在第一段中，"微电极"与"微流体管道"是两个词语，第二段第一句话直接将其结合为"柔性微流体管道"，使其作为一个词语存在。作者之所以这样写，是因为前文已经论证了二者结合的重要性。在这种情况下，第二段可以直接围绕"柔性微流体管道"梳理文献——先用一句话概括目前制造柔性微流体管道的方法，再分别介绍各种方法，如分别介绍光刻技术、软光刻技术、激光直写技术、立体光刻技术、微尺度铣削技术，最后梳理金属微电极的制造方法，包括光刻、转印、激光直写等技术，并提出这些工艺都有问题。类似引言范文第二段的文献梳理过程，实际上是在进行文献批评。

引言范文的第三段写到"电流体动力学喷墨打印技术作为一种新型的喷墨直写技术，区别于传统的……，这种方法通过……，可以实现……。同时，……"。在这一段中，作者使用了大量的引用内容，用于论证电流体动力学喷墨打印技术的优势。

有了前文的铺垫，写到引言范文的最后一段时，作者很自然地提出"本文基于电喷印技术，结合……，探究一种……方法"，并对研究计划进行了交代，即首先做什么，其次做什么，最后做什么。

整体而言，这篇引言范文的行文逻辑非常清晰，基本要素也很齐全，是较为典型的自然科学与工程技术实验论文的引言。

二、人文社会科学思辨论文的引言逻辑

人文社会科学思辨论文的引言往往逻辑简单、字数比较少。

以刊登在2023年第2期《中国文艺评论》上的《"诗本位"并非"诗画高低论"——中国古典诗画关系再探》的引言为例，分析人文社会科学思辨论文的引言逻辑。

引言范文的第一段，首先使用总括句"关于……的讨论，很难避免'诗本位'的问题，……"提出了古典诗画关系中的"诗本位"问题；然后在点明"钱锺书对诗画关系的认识是一个典例"的基础上，从两个方面入手论述了相关观点，即"一方面，钱锺书……，另一方面，……"；接着，作者用一句话简单说明当下有关"出位之思"的讨论如火如荼，而中国古典诗画关系中的"诗本位"问题似乎更加尖锐了，由此引出研究主题；最后，作者围绕研究主题进行了文献综述，使用"有学者认为……，还有学者认为……"这一句式梳理了相关观点，并对相关文献进行了简单评

价，即"这些都是学术研究的应然之义"。

在引言范文的第二段中，作者首先说明了中国古典艺术走出"诗本位"是比较困难的事，并从两个方面入手分析了原因；然后提出"诗本位"并不代表诗与画在艺术层面的不平等，即"'诗高位'不会妨碍'画本位'的并存"这一观点；接着使用"换言之"一词，对前述观点进行了进一步解释；最后，作者明确提出："国内学术界并不是一味地讨论诗歌对绘画的影响，也在讨论绘画对诗歌的影响。"由此说明"诗本位"并不影响"画本位"，二者有可能并存。

写到引言范文的最后一段时，作者直接用"本文聚焦……"这一句式提出了本文的研究问题，并交代了研究计划，即首先做什么，其次做什么，最后做什么。

可以看到，该引言范文的结构比前述自然科学与工程技术实验论文的引言范文的结构简单，原因在于该引言范文的主观性更强——作者在引出研究问题时，没有进行引用，而是直接引出；作者在梳理文献时，梳理了几个学者的观点并进行简单评价后立刻借助另一个学者的观点推导出了自己的观点；对研究问题及研究计划的交代，作者处理得也很直接。主观性较强，这是人文社会科学思辨论文的典型特征之一。

整体而言，虽然这篇引言范文的逻辑不是特别严谨，引用内容也有限，但是基本要素体现得比较明晰，除了没有介绍研究价值，其他要素是比较齐全的。

三 人文社会科学实证论文的引言逻辑

以刊登在 2023 年第 5 期《南开经济研究》上的《配偶退休会改变中老年人的健康行为吗？——断点回归的经验证据与 Becker 利他主义的理论解释》的引言为例，分析人文社会科学实证论文的引言逻辑。

引言范文的第一段，用"随着生育率的下降……，人口老龄化……"这句话引出了研究主题，并强调了研究主题的重要性。

引言范文的第二段，作者提出"退休作为……，必然会对夫妻中另一半的福利产生重大影响"这一观点，并直接指出"这方面的研究相对较少"，属于文献批评。文献批评后，作者简单介绍了一些学者的观点，其本质是对前沿文献的梳理。在此基础上，作者介绍了自己的研究计划。

引言范文的第三段，作者对所做研究的难点进行了说明，并介绍了自己会使用什么研究方法克服相关困难。

引言范文的第四段，作者重点强调了其在第三段中提到的两个效应比较难证实，因此自己在想办法解决相关问题。此外，作者通过对两篇文献的边际贡献进行说明，明确了该研究的理论价值。

先介绍研究主题，再围绕研究主题梳理文献；完成文献批评后，及时梳理前沿文献；介绍研究计划后，对研究价值、研究贡献进行说明——整体而言，这篇引言范文的要素比较齐全，行文逻辑是清晰的。

通过梳理以上3篇引言范文，我们可以发现，实验论文和实证论文的引言比思辨论文的引言规范一些。思辨论文的引言的文献综述部分更关注目前已有研究的研究程度，且作者的观点相对来说更明确，如本章的思辨论文引言范文，很快地亮出了作者的观点，并对作者准备如何论证自己的观点进行了介绍；反观实验论文和实证论文的引言范文，只介绍了研究问题及作者准备如何研究，并未亮出作者的观点。

目前，有一种现象值得关注——很多实证论文的作者尝试把理论贡献前置到引言中介绍给读者，本章用作范文的实证论文引言就进行了这样的尝试。实际上，交代研究方法后，简单地写清楚预期结果、研究价值就可以了，没有必要在引言部分详细阐述论文的理论贡献、研究结论，尤其是理论贡献，应该写在论文的结论部分。很多作者之所以尝试把理论贡献前置到引言中介绍，是因为想让读者尽快看到论文的最重要的内容，对用于投稿的学术论文来说，此举还有帮助编辑快速判断论文价值的作用（在快节奏的审稿工作中，有些编辑可能看不到结论部分，就已经决定是否录用稿件了）。能够进行这种尝试，体现了引言写作的灵活性。

Chapter 15 第十五章

主体写作的逻辑结构

论文主体写作的逻辑结构兼具完整性与科学性,其 6 个要素有高度的动态适应性,能够根据学科差异、研究方法差异、作者习惯差异进行灵活调整。在写作实践中,作者要努力提高自己根据研究问题的本质与行文需求对主体部分的 6 个要素的具体呈现形式进行动态优化的能力。

一

主体写作的思维过程

论文主体部分的写作目的是呈现研究过程及其科学性,作用是承前启后——与引言部分相互关联,证明引言所言非虚,证明自己选择的研究方法是正确的且依托正确的研究方法进行分析的整个过程是科学的、客观的,并由此总结出高价值的研究结论。注意,主体写作要特别关注研究方法,使用正确的研究方法进行分析,并对整个分析过程的科学性进行论述。

在形式上,论文的主体部分有6个要素,分别为文献综述、理论假设、研究方法与理论模型、数据来源与变量设置、结果与讨论、结果检验。对量化研究论文来说,涉及具体的写作内容,这6个要素可能会有详略上的调整,但大多是必备的("理论假设"属于可选要素)。对思辨论文来说,这6个要素都说不上是必备的——很多思辨论文的"文献综述""结果与讨论"是写不到位的,比如既没有文献综述,又没有研究方法,只有分析过程,甚至连分析结论都一带而过,或者直接不交代。之所以这样做,是因为后面还有结论部分,作者可以在结论部分对相关情况进行简单说明——这是思辨论文的写作传统,我们很难直接评判这样的思辨论文是有问题的。质性研究论文的主体要素的完善程度介于量化研究论文与思辨论文之间。对实验论文而言,存在一些共性问题——很多实验论文不把研究的理论假设明确地写在论文中，会用一些不同的叫法，比如方法与模型、材料与设备；也有一些实验论文不把数据变量作为单独的内容进行介绍，会在交代实验方法、步骤后直接呈现实验结果。总的来说，量化研究论文的主体要素是最全的，其次是质性研究论文和实验论文，主体要素最不全的是思辨论文。

在逻辑上，主体部分需要解决研究过程的完整性问题和科学性问题。"完整性"对应的是主体部分的形式要素；"科学性"对应的是主体部分的逻辑要素。逻辑要素是形式要素的存在依据。

二、主体写作的逻辑结构

主体写作的逻辑结构有明显的完整性和科学性，其6个要素对应着提出问题、分析问题、解决问题的三段式结构，能确保内容既全面，又可信。

（一）完整性

论文的主体部分的6个要素对应的是主体写作的完整性逻辑。具体而言，"文献综述"和"理论假设"属于提出问题的内容，对应导入逻辑，即循循善诱地提出自己的问题；"研究方法与理论模型"和"数据来源与变量设置"属于分析问题的内容，对应分析逻辑，即告诉读者如何分析相关问题；"结果与讨论"和"结果检验"属于解决问题的内容，对应导出逻辑——虽然无法完整地解决问题（完整地解决问题的内容在结论部分的"实践价值"中），但是在以解决问题为导向进行推导。由此可知，在逻辑上，这6个要素涉及了导入逻辑、分析逻辑、导出逻辑，对应提出问题、分析问题、解决问题这3个逻辑步骤。结合前文可知，选题逻辑是提出问题、分析问题、解决问题，引言写作的逻辑也是提出问题、分析问题、解决问题，由此可见，三段式结构适用于论文写作的每个部分，只是表现形式不同而已。

（二）科学性

论文的主体部分的6个要素的存在依据对应的是主体写作的科学性逻辑。比如，为什么要有文献综述和理论假设？是为了提出问题。再如，为什么选择某一研究方法？数据来源是否可靠？概念的可操作性如何？分析软件的应用效率如何？为什么要进行结果检验？之所以提出这些问题，是因为不仅要分析问题，还要分析得可信。又如，怎么从研究结果中提炼研究结论？研究结论有何理论创新和实践价值？之所以提出这些问题，是因为要逐步导出研究结论。

总之，主体写作整体上仍然遵循"实践—理论—实践"的大逻辑，即从实践中来，经理论分析，回到实践中去。

三、主体写作逻辑的动态性

一方面，主体的写作逻辑受制于其6个要素的过程性顺序（技术决定论），即有的人认为6个要素的写作顺序不可颠倒。另一方面，主体的写作逻辑反作用于其6个要素的形式设置（问题决定论），即有的人认为追本溯源，主体的写作逻辑是受制于分析问题的逻辑的（科学性）。

目前，很少有作者在主体部分的写作中颠倒要素的顺序，但实际上，这些要素的写作是灵活的——如果研究问题是显而易见的，就不需要进行文献综述和理论假设；如果研究方法（对研究问题）的适用性是显而易见的，就不需要解释为什么选择这一研究方法，比如，针对一个抽象概念，应该使用思辨研究方法，因为抽象概念的清晰度达不到可以测量的程度，无法进行量化研究，面对这种情况，不需要解释选择相关研究方法的原因。从这个角度讲，建议大家进行主体写作时，既要遵循写作规范，又要能够灵活处理，不能因为关注了技术决定论的规范性，就将论文写得呆板、生硬。

在形式上，主体写作也是具有动态性的，表现为方法或技术层面的科学性与分析问题过程中各要素的先后顺序是互为表里的动态关系。具体而言，各要素的详略及其显隐性取决于逻辑需要，各要素是保留还是删除也取决于逻辑需要。比如，有的思辨论文通篇不提如何解决问题，全是理论分析，很可能是因为作者认为该论文的研究问题根本无法解决，就尽量不触及解决问题的相关内容。

在逻辑上，主体写作的逻辑步骤是可以缺失的，即可以只分析问题，不（明确地）提出问题/解决问题，或者只解决问题，不（明确地）提出问题/分析问题。比如，有的论文的主体部分只论述如何解决问题，通篇是解决问题的对策，没有提出问题和分析问题。出现这种情况，可能是因为作者认为他已经在引言部分提出过问题了，不需要再次提及，而解决问题比分析问题更重要、更值得写。总之，如何安排主体部分的写作，主要取决于研究问题的性质。

同一逻辑步骤，在形式上也可以拆分。比如，通篇在分析问题，主体由三大部分组成，分别对问题产生的3个原因进行分析，此外，既没有提出问题，又没有解决问题。

总之，主体写作逻辑具有动态性，受学科差异、研究方法差异、作者习惯差异等多种因素的影响。在综合考虑研究问题的性质和行文的需要的情况下，作者可以灵活处理相关问题。

Chapter 16
第十六章

主体逻辑的范文分析

本章,我们通过范文了解自然科学与工程技术实验论文、人文社会科学思辨论文、人文社会科学实证论文的主体逻辑。

一 自然科学与工程技术实验论文的主体逻辑

以刊登在 2023 年第 4 期《中国科学：技术科学》上的《基于电喷印集成制造阵列化嵌金属电极柔性微流体管道》的主体内容为例，分析自然科学与工程技术实验论文的主体逻辑。

主体范文的框架比较简单：其一，"材料与方法"部分，主要对实验材料、实验设备等进行事实描述；其二，"结果与讨论"部分，主要对实验结果进行分析、对实验价值进行说明。

具体而言，这篇主体范文主要包括如下内容。

首先，交代实验材料及其来源，并对实验材料进行描述，除了文字描述，范文还使用图形对实验材料进行了辅助介绍。

其次，交代实验使用的技术手段、设备、方法等，针对如何使用相关实验设备和实验方法，范文进行了详细的说明。

最后，分析实验结果，并对实验结果背后的理论价值和实践价值进行了深度挖掘。

通过以上梳理，我们可以看到，主体范文很好地起到了承上启下的作用——先把读者从引言部分引入实验过程，再把读者从实验过程引导至结论部分。

二、人文社会科学思辨论文的主体逻辑

以刊登在 2023 年第 2 期《中国文艺评论》上的《"诗本位"并非"诗画高低论"——中国古典诗画关系再探》的主体内容为例，分析人文社会科学思辨论文的主体逻辑。

主体范文主要分为三部分：第一部分说明中国诗的"本位"即"出位"；第二部分论述"诗画高低论"的媒介功能修正；第三部分分析中国诗的文化地位及艺术蕴涵。各部分看似独立，实则互有关联——第二部分的媒介功能修正论述实际上是对第一部分的观点的反驳，比如作者认为中国诗画的关系并非由媒介性质界定，而是与媒介功能的偏向有关；第三部分，作者将写作重点转回中国诗，重新审视中国诗的文化地位及艺术蕴涵，整体来看，三部分不仅内容上是有关联的，而且逻辑上是层层递进的。

相较于实验论文，思辨论文主体部分的逻辑要素不是十分明确，但分析问题的逻辑还算清晰。

三 人文社会科学实证论文的主体逻辑

人文社会科学实证论文的主体逻辑可细分为量化研究论文的主体逻辑和质性研究论文的主体逻辑两部分进行分析。

（一）量化研究论文的主体逻辑

以刊登在 2023 年第 5 期《南开经济研究》上的《配偶退休会改变中老年人的健康行为吗？——断点回归的经验证据与 Becker 利他主义的理论解释》的主体内容为例，分析人文社会科学实证论文中的量化研究论文的主体逻辑。

主体范文中，首先，作者对数据来源、研究方法等内容进行了交代，这一点和实验论文的处理类似，目的是告诉读者自己的研究准备得非常充分；其次，作者对研究设计进行了介绍，比如，作者写到要建立断点回归模型用于分析数据、要使用相关软件测试数据等；最后，在结果分析部分，作者分条阐释了结果，不仅对结果进行了简单说明，还对结果进行了理论解释，即从理论上解释为什么会得到相关结果。

整体来看，该量化研究论文的主体中的数据、变量描述等内容与其引言中的文献综述与研究设计是一脉相承的。从大逻辑上讲，引言是选题的证据，主体是引言的证据，后一部分承接的是前一部分，比如，主体承接的是引言，是引言的证据——作者在引言里介绍了自己准备如何进行研究后，要在主体部分给予详细说明，让读者看到自己确实是这样做的、引言部分的内容是真实的。很多新手作者写论文的时候做不到这一点，所以写出的论文很容易受到读者的质疑。在具体的写作过程中，处理这一承接关系是非常复杂的工作，针对引言中的一个词语，可能需要在主体部分用很多文字展开论述，而从引言到主体，展开论述的难度极大。

该主体范文有一点比较特殊，即对研究结果进行了理论解释——很多量化研究论文是缺少相关内容的，即得到研究结果后并不会对其进行解释，而是直接写出结论。其实，理论解释是非常有必要的，有了理论解释，更容易提炼结论，如果空有一堆数据，不充分挖掘数据背后的意义，很难提炼出真正的结论。因此，在写结论之前对研究结果进行理论解释是论文写作技巧之一。

（二）质性研究论文的主体逻辑

以刊登在2023年第3期《信息资源管理学报》上的《在线品牌社区用户参与价值共创的互动行为转换机制——基于扎根理论的研究》的主体内容为例，分析人文社会科学实证论文中的质性研究论文的主体逻辑。

质性研究论文的主体部分比较简单，即先进行文献综述，再介绍研究设计，最后对研究结果进行理论解释。与量化研究论文不同的是，质性研究论文往往不需要专门对研究结果进行理论解释。不过，这篇主体范文的模型阐释部分有理论解释的作用。由此可见，主体要素的多少、详略并没有严格要求，可以根据实际情况灵活调整。

质性研究和量化研究均属于实证研究，因此，相关论文的逻辑结构非常相似。

通过以上分析，我们可以看到，不同类型的论文的主体部分在形式上有非常明显的差异，但是从写作的角度看，它们有具有共性的要素和逻辑结构。

Chapter 17 第十七章

结论写作的逻辑结构

结论写作旨在总结研究发现及其价值，包含内容概括、观点提炼、文献比较、实践价值、研究缺陷与未来方向等要素，对应提出问题、分析问题、解决问题的三段式结构。根据论文类型的不同、学科差异，以及研究方法的不同，可以灵活处理结论的各要素，只要确保能够清楚地回答"通过研究发现了什么""研究发现有何价值"这两个问题即可。

一、结论写作的思维过程

论文结论的写作目的是向读者呈现研究发现及其理论价值与实践价值，即告诉读者通过研究发现了什么、这些研究发现有何价值。如果说论文主体部分已经尝试对研究问题给出了详尽的分析与回答，那么，结论就是对研究问题的最后一次回答。在形式上，结论往往由 5 个要素组成，分别为内容概括、观点提炼、文献比较、实践价值、研究缺陷与未来方向。之所以有这 5 个要素，是因为结论需要解决"通过研究发现了什么"和"研究发现有何价值"这两个问题，其要素的设置和写作逻辑的梳理都是围绕这两个问题进行的。

二、结论写作的逻辑结构

结论不长，但其写作有着清晰的逻辑——提出问题、分析问题、解决问题。接下来，我们详细了解结论需要解决的两个问题及其写作的逻辑。

(一) 结论需要解决的两个问题

从逻辑上看，结论需要解决的两个问题和结论要素的设置是有对应关系的——"通过研究发现了什么"对应的是内容概括和观点提炼；"研究发现有何价值"对应的是文献比较和实践价值。比如，实证论文的结论往往是先说明研究观点，再通过进行文献比较阐释研究发现的实践价值（有时包括理论价值）。注意，文献比较往往是依托研究的观点、结论展开的，实践价值则更多的是独立存在的。

结论要素中，研究缺陷与未来方向对应的不是逻辑问题，而是伦理问题，因此，它和结论需要解决的两个问题没有直接对应的逻辑关系。之所以说该要素对应的是伦理问题，是因为所有人做研究、写论文都是从已有研究中来，到已有研究中去，既不可能空穴来风，又不可能和已有研究完全重复——研究缺陷与未来方向的写作目的是链接自己的研究和未来的研究，属于伦理链接。

(二) 结论写作的逻辑

结论写作的逻辑是先导出自己的论文，再导入学术史。

结论写作的详细步骤如下。

首先，对论文主体部分的内容进行概括，列明自己的观点。

其次，由自己的观点导向外部评价。注意，外部评价不属于论文内容，是对论文内容的评价，因此，由自己的观点导向外部评价的过程既是将观点向外导出的过程，又是展开分析的过程。由自己的观点导向外部评论有两个选择：一个是导向理论价值评价，另一个是导向实践价值评价。

最后，将研究观点或者研究发现导入学术史。

结论写作的大逻辑同样是提出问题、分析问题、解决问题，这与结论要素的设置逻辑是对应的。

三 结论写作逻辑的动态性

结论写作逻辑具有动态性，受学科差异、研究方法差异、作者习惯差异等多种因素的影响。与引言部分的严谨推理和主体部分的科学取向不同，因具有"自我评价"的属性，结论写作的主观性较强。结论实际上是一种自我阐释，具体来说，结论的理论价值、实践价值、研究缺陷等，都是自我评价的呈现，甚至未来方向也是研究者对其他人的主观建议。

不管是在形式上，还是在逻辑上，结论写作都有很大的灵活性。比如，实验论文的结论和思辨论文的结论有非常大的差异。因此，在具体的结论写作中，作者需要根据自己的行文情况进行灵活处理。

具体来说，结论部分的写作，有以下几点需要特别关注。

第一点，结论要素可合并，可拆分。多个结论要素可以合并呈现，比如，内容概括可以和观点提炼合并呈现、观点提炼可以和文献比较合并呈现、实践价值可以和研究缺陷与未来方向合并呈现；单个结论要素可以拆分呈现，比如，文献比较可以拆分呈现为文献批评、前沿文献、文献综述，研究缺陷与未来方向可以拆分呈现为研究不足、研究展望。在逻辑上，无论是合并呈现多个结论要素，还是拆分呈现单个结论要素，只要结论能够清楚地回答"通过研究发现了什么"和"研究发现有何价值"这两个问题，就是合格的。

第二点，有时候，需要先考虑主体部分的写作完整性，再考虑结论部分的内容，比如，为了完善主体部分的"解决问题"相关内容，将实践价值详细写入主体部分。思辨论文的这一表现尤为明显，经常会在主体部分使用提出问题、分析问题、解决问题的经典三段式结构进行论证，这样写作，主体部分的第3个逻辑层次对应的就是结论要素"实践价值"。将实践价值写入主体部分后，在结论部分，只需要对相关内容进行总结、提炼，简单地写一两句话就可以了，不需要再次详细论述。总之，结论写作具有很强的动态性，需要综合考虑各种行文情况。

第三点，结论写作必须清楚地回答"通过研究发现了什么"和"研究发现有何价值"这两个问题。思辨论文的结论大多比实证论文的结论难写，往往是因为受学科传统的影响，思辨研究的研究发现及其价值难以阐述清楚。在这种情况下，对思辨论文的要素齐全性的要求不高。不过，这并不代表思辨论文的写作要求会随之降低，思辨论文和实证论文的写作要求一样，非常严格。

最后，需要特别强调的是，写结论的时候一定要有导入导出意识。实际写作过程中，如果只关注结论要素，忽视其后的写作逻辑，会导致论文结论的写作深度不够。

Chapter 18
第十八章

结论逻辑的范文分析

本章，我们通过范文了解自然科学与工程技术实验论文、人文社会科学思辨论文、人文社会科学实证论文的结论逻辑。

一 自然科学与工程技术实验论文的结论逻辑

以刊登在 2023 年第 4 期《中国科学：技术科学》上的《基于电喷印集成制造阵列化嵌金属电极柔性微流体管道》的结论为例，分析自然科学与工程技术实验论文的结论逻辑。

结论范文比较简短，首先，对论文内容进行了总结、提炼，并对制造方法进行了简单阐释；然后，使用"首先，……；其次，……；最后，……"这一句式对研究内容进行了观点提炼，分三条说明了研究发现；最后，总结了研究意义，并简单说明了自己提出的制造方法的实践价值。

通过以上梳理，我们可以看到，实验论文的结论有两个特点：其一，内容简短，篇幅相对短小；其二，要素明确，内容概括（研究内容）、观点提炼（研究发现）、实践价值（研究的应用价值）等都能够得到比较清晰地呈现。

二 人文社会科学思辨论文的结论逻辑

相较于实验论文，思辨论文的结论部分篇幅较长。

以刊登在 2023 年第 2 期《中国文艺评论》上的《"诗本位"并非"诗画高低论"——中国古典诗画关系再探》的结论为例,分析人文社会科学思辨论文的结论逻辑。

结论范文的第一段,从"总之,中国诗处于中国文化高位乃历史实然……"开始,整段内容都是作者对论文的内容和观点进行的总结。

结论范文的第二段,主要是作者对自己的观点的阐释,即"诗中有画的功能,画中也有诗的功能",整段强调诗与画的融合。

结论范文的第三段,首先,作者提出"如果以诗性和诗境作为中国艺术的标准,文人画作为中国画主流,又被称为诗意画,中国古典诗画关系研究较难挣脱习以为常的'诗本位'立场"这一观点;随后,作者写到"倘若需要对'诗本位'进行重新界定和正名,或许可以重申……",通过这句话说明了如果要对"诗本位"进行重新界定,我们需要做些什么;最后,作者围绕着重申的内容进行了论述。

通过以上梳理,我们可以看到,虽然思辨论文的结论在篇幅上比实验论文长一些,但其要素并不是很齐全——基本是围绕自己的观点进行的阐释,可以说是对论文主体内容的缩写。

总体看来,思辨论文的结论既没有区分自己的研究内容和所持观点,又没有阐释观点的理论价值和实践价值,更没有进一步提出研究缺陷与未来方向,行文逻辑非常简单——确定一个论点,围绕这个论点进行论述即可。

三 人文社会科学实证论文的结论逻辑

以刊登在 2023 年第 3 期《信息资源管理学报》上的《在线品牌社区用户参与价值共创的互动行为转换机制——基于扎根理论的研究》的结论为例，分析人文社会科学实证论文的结论逻辑。

结论范文是分点论述的，包括"5.1 结论和贡献""5.2 管理启示""5.3 不足与展望"，共 3 节内容。

5.1 节的第一句话是"文章基于扎根理论，对在线品牌社区活跃用户进行访谈获得分析数据，探索分析在线品牌社区用户参与价值共创的互动行为转换机制并构建理论模型"，很明显，这句话是对前文内容的总结、提炼，其后紧接着说明"……主要有以下结论和贡献"。此处需要注意，作者将结论和贡献合并着写了。比如，在第一条结论中，作者先对自己的观点进行了总结，即"在线品牌社区用户互动行为的动态转换过程存在由浅层探索的人机互动到中度交互的人人互动，再到深层共创的人企互动的隐性转换过程机制"，再着手阐释这一观点的创新性，对研究贡献进行了介绍。后续结论同样如此，作者的写作思路是先介绍自己的研究观点，再阐释相关观点的创新性。此处的创新性主要是通过文献比较呈现的。

在 5.2 节中，作者从 3 个层面入手介绍了管理启示（研究启示），分别为"第一，从动态视角出发，重视社区内仅浏览的用户""第二，营造良好氛围，加强用户的社区归属感，提高用户的自我实现感""第三，加强用户与企业联结，促进共生共创"。实际上，这3条启示就是3条实践价值，因此，该作者不需要再进行文献比较，直接写清楚实践价值即可。

在5.3节中，作者不仅对研究缺陷进行了说明，还对研究的未来方向进行了展望。需要注意的是，结论范文的研究缺陷与未来方向是接续的，即说明研究缺陷后，紧接着介绍未来的研究要如何直面这些缺陷、解决相关问题。比如，作者说明自己的研究对象具有局限性后，紧接着表示未来要拓展研究对象。再如，作者说到研究方法时，先对研究方法的局限性进行了说明，再介绍后续研究会如何改善。

有人说，研究缺陷与未来方向这个要素的存在不太符合正常逻辑——既然知道自己的研究存在缺陷，为什么不立刻着手进行优化、提升呢？

在初级教程中，我们介绍过，有一种可能，是有的不足、缺陷是我们将论文写完之后才发现的，在论文写作之前，以及论文写作的过程中并没有发现相关问题，此时，我们很难倒回去弥补所有不足、修正所有缺陷——如果倒回去，已做的很多工作都白做了，时间成本和精力成本的付出都不允许；还有一种可能，是有的缺陷是无法克服的，我们做这个研究会遇到相关问题，其他人做这个研究也会遇到相关问题，所有研究者都在努力克服相关问题，但在当下，它们确实存在且将持续存在，暂时无法完全消除。

在这里，中级教程中，我们可以提高站位，对这个问题进行更全面的回答——在论文的结论部分，除了要呈现自己的研究的实践价值、理论价值，还要把自己的研究嵌入学术长河，看看它的历史价值。换言之，任何研究都不可能十全十美。从这个角度讲，所有论文都应该指出自己的研究局限性，让未来的研究承接、弥补其不足。

通过以上梳理，我们可以看到，实证论文的结论在要素方面是最齐全的。

借助这个比较完善的结论范文，我们对论文结论的要素及其写作逻辑进行总结——首先，对研究内容进行概括、对研究观点进行提炼，并通过完成文献比较说明自己的研究在理论方面的创新；然后，对实践价值进行介绍；最后，明确研究缺陷与未来方向。

结论写作过程中，有两点需要特别注意：其一，使用文献比较的形式对理论贡献进行说明最为清晰、妥帖；其二，实践价值不能写得过于空泛，否则提出的对策建议很可能是无效的，换句话说，将实践价值写得越具体，提出的对策建议的可实施性越强。

在诸多结论要素的背后，隐含着的是"导入—分析—导出"逻辑。具体来说，首先，从主体部分抽离，导入结论部分，完成对主体内容的总结；然后，说明研究的理论价值（通过进行文献比较）和实践价值；最后，将研究观点或者研究发现从自己的论文中导出，链接未来的研究。由此可见，结论有着"总—分—总"的关系，是完美对应三段式结构的。

Chapter

19
第十九章

标题的逻辑结构与范文分析

提炼标题是一项难度非常大的工作,因为标题需要精准地概括论文的核心内容,并起到吸引读者、引导读者阅读的作用。本章,我们详细介绍标题写作的逻辑结构及标题创新性的提炼与呈现,并结合标题范文进行标题逻辑的范文分析。

一、标题写作的逻辑结构

标题是读者最先看到的论文要件,引导阅读的作用甚至大于引言。与此同时,标题是对论文核心内容的概括,提炼难度非常大。因此,标题写作的难点之一是要在有字数限制的情况下,尽可能多地为读者传递重要信息。

标题信息包括基本信息和亮点信息——基本信息是论文的研究主题、研究问题和研究方法;亮点信息可以是研究问题,可以是研究方法,也可以是研究结论。注意,无论亮点信息是什么,都要把亮点信息放在标题中最显眼的位置——研究问题本身可能是非常吸引人的,比如"公共托幼服务对女性就业的影响";研究结论,比如"偶像的黄昏",可能是非常吸引人的;一些新颖的研究方法,也可能成为吸引人的亮点。

从写作逻辑上看,标题写作有3个逻辑层次。第一个是"打蛇打七寸":关于研究主题,读者最感兴趣的是什么?第二个是"以一持万":抓住论文的"七寸",统领式呈现论文基本信息。第三个是"画龙点睛":亮点信息只可以有一个,不可以有两个,如果同时抓取两个亮点信息,有过犹不及之嫌。

针对标题,大家必须关注创新性问题。

论文标题存在创新位移的层次关系。具体来说,如果研究主题是创新的，标题中可以没有对研究问题的说明；如果研究主题无创新，研究问题就要有创新；如果研究主题与研究问题均无创新，研究方法就要有创新；如果研究主题、研究问题、研究方法均无创新，比如部分史学论文，研究结论就要有创新。注意，绝大部分期刊论文的研究主题是无创新的，因为期刊论文不追求断崖式的创新，讲究的是继承性创新，研究问题、研究方法、研究结论往往有创新点。

二、标题创新性的提炼与呈现

标题的创新性在很大程度上依赖于选题的创新性——因为标题和选题有3个要素是一致的，所以标题有无创新性，基本上在选题阶段就确定了。如果选题的创新性不足，很可能导致整篇论文的创新性不足，即使把论文写出来了，标题也是"无米之炊"——无从提炼。

标题创新与选题创新的"要素位移"是一致的。创新性的常规呈现依托研究主题、研究问题与研究方法，非常规呈现则集中在研究结论上，史料考证类论文的创新性呈现是比较典型的非常规呈现。大部分论文的标题中是没有第四要素（研究结论）的，因为在有字数限制的情况下极简地说明研究结论的难度非常大，但是在标题中说明研究结论是有利于读者阅读、有利于编辑或专家审阅的，建议大家尝试提高在标题中说明研究结论的能力。

从更宏观的角度理解选题设计、写作修改、标题提炼与创新性的关系，可以说选题设计是声明创新性、写作修改是证实创新性、标题提炼是呈现创新性。三者的作用是不同的——标题的作用是把创新性呈现出来；写作、修改的作用是将创新性落在纸面上；选题时既不需要呈现创新性，又不需要证实创新性，只需要让其他人知道自己的声明就可以了。比如，学位论文的开题报告只需要让其他人知道研究计划是有创新性的就可以了，不需要对创新性进行具体的呈现和证实。

标题中的研究结论，可以用引用名言、专有名词的形式呈现，也可以用自拟概念的形式呈现。比如，前文提到的"偶像的黄昏"是对一本书的书名的引用；再如，"政治性蓝天"属于自拟概念。不管是引用名言、专有名词，还是自拟概念，对研究结论加以呈现即可。

需要强调的是，在论文的修改过程中，标题的创新性提炼具有反向验证论文的创新性的作用，即可以通过提炼标题，倒推论文的创新性是否足够。

如果很难提炼出用于标题的研究结论，说明论文的主体部分或者选题没有足够的创新性。

反向验证的顺序是先看研究结论，再查研究方法，最后琢磨研究问题。具体来说，如果提炼不出具有创新性的标题，要先看研究结论是否对研究的理论创新进行了清楚的交代，再查论文主体部分是否对研究方法进行了清楚的介绍，最后琢磨自己是否在选题阶段对研究问题进行了清楚的表达。如此倒推，能够更有条理、更轻松地查出问题所在。

三 标题逻辑的范文分析

结合以下 5 组标题范文进行标题逻辑的范文分析。

第 1 组：

《广义齐次核重积分算子最佳搭配参数的等价条件及应用》（刊登于 2023 年第 5 期的《中国科学：数学》）

《基于电喷印集成制造阵列化嵌金属电极柔性微流体管道》（刊登于 2023 年第 4 期的《中国科学：技术科学》）

第 2 组：

《在线品牌社区用户参与价值共创的互动行为转换机制——基于扎根理论的研究》（刊登于 2023 年第 3 期的《信息资源管理学报》）

《公共托幼服务对女性就业的影响——基于断点回归的实证检验》（刊登于 2023 年第 3 期的《中国人口科学》）

第 3 组：

《数字经济能否驱动家庭消费低碳转型？——基于中国家庭追踪调查的经验证据》（刊登于 2023 年第 9 期的《现代财经（天津财经大学学报）》）

《协作编程有助于培养学生的计算思维吗？——基于 32 项实验或准实验研究的元分析》（刊登于 2023 年第 8 期的《现代教育技术》）

第 4 组：

《偶像的黄昏：教师职业"道德赋值""去道德化"及其伦理困境》（刊登于 2019 年第 4 期的《江苏高教》）

《雾霾治理中的"政治性蓝天"——来自中国地方"两会"的证据》（刊登于 2016 年第 5 期的《中国工业经济》）

第 5 组：

《"诗本位"并非"诗画高低论"——中国古典诗画关系再探》（刊登于 2023 年第 2 期的《中国文艺评论》）

第 1 组标题是自然科学与工程技术领域的论文的标题。从形式上可以看出，这类论文的标题非常朴素，既没有华丽的修辞，又没有对研究方法的强调，直接说明做了什么研究。不过，如果对标题中的各要素进行认真分析，是能够分析出对应论文的研究主题、研究问题、研究方法的。比如，分析该组的第 2 个标题可知，对应论文的研究主题是"嵌金属电极的微流体管道"、研究问题是"嵌金属电极柔性微流体管道的制备"、研究方法是"电喷印集成"——标题的 3 个要素是完整的。

第 2 组标题是实证论文的标题。可以看出，实证论文喜欢使用副标题说明研究方法，这是实证论文标题提炼的技巧之一。实证论文的主标题多用于说明研究主题和研究问题，比如，分析该组的第 1 个标题可知，对应论文的研究主题是"在线品牌社区"、研究问题是"用户参与价值共创的互动行为转换机制"、研究方法是"扎根理论"；再如，分析该组的第 2 个标题可知，对应论文的研究主题是"女性就业"、研究问题是"公共托幼服务对女性就业的影响"、研究方法是"断点回归"——标题的 3 个要素也是非常完整、清晰的。

第 3 组标题有一个明显的特点——以问句为主标题，试图将对应论文的研究问题呈现得更清楚。第 1 组标题，如果不认真分析，不太容易看出对应论文的研究主题、研究问题和研究方法；第 2 组标题，因为有副标题的存在，很容易看出对应论文的研究方法，但是对应论文的研究主题和研究问题是不容易区分的。相比之下，第 3 组标题对应论文的研究问题被呈现得更加清楚，作为主标题的问句对研究问题进行了直接表达。

相较于第 3 组标题，第 4 组标题有进一步优化——对研究结论进行了提炼。比如，"偶像的黄昏"和"雾霾治理中的'政治性蓝天'"都是对应论文的研究结论。具体而言，"偶像的黄昏"形象地表明了作者对教师道德的看法；"雾霾治理中的'政治性蓝天'"形象地表明了作者对雾霾治理效果的看法。

最后看第 5 组标题。与第 4 组标题的区别是，第 5 组标题既没有使用问句，又没有华丽的修辞，只是开门见山地对"'诗本位'并非'诗画高低论'"这一研究结论进行了直接呈现。从研究主题、研究问题、研究方法和研究结论这 4 个要素的呈现最好有所过渡的角度看，第 5 组标题的表述过于直接，在形式和逻辑层次的设置上均不如第 4 组标题完善。

Chapter 20
第二十章

摘要的逻辑结构与范文分析

摘要写作的要求非常多、非常复杂,其中,人称问题需要作者重点关注。不管是什么领域的论文的摘要,写作时均需要关注提出问题、分析问题、解决问题的三段式结构。本章,我们详细介绍摘要写作的逻辑结构及人称选择,并结合摘要范文进行摘要逻辑的范文分析。

第二十章 摘要的逻辑结构与范文分析

一、摘要写作的逻辑结构

摘要是论文的微缩版，一般在写完论文主体内容后撰写。

从写作的角度看，摘要体现的是作者对论文中不同内容的重要性的把握程度。进行摘要写作时，作者要将论文中最重要的内容提炼出来，如果无法把握论文中哪些内容较为重要、哪些内容不重要，很难写好摘要。

摘要要素包括背景性要素、分析性要素和结果性要素，与引言、主体、结论是一一对应的，即摘要的背景性要素对应引言、分析性要素对应主体、结果性要素对应结论。由此可见，摘要的写作逻辑与整篇论文的写作大逻辑一致，都是首先强调研究主题及其重要性，然后交代研究问题、研究方法、研究结论，最后对研究结论进行评价，有层层递进的逻辑过程。

从阅读的角度看，一方面，在文献数据库中，摘要属于公开信息，能够帮助读者更准确地检索目标内容；另一方面，阅读摘要，读者能够获取比阅读标题更丰富的信息，判断是否有必要阅读全文。

摘要的重要性，决定了摘要写作的难度不小。

二 摘要写作的人称问题

在摘要的写作过程中,有一个特别值得关注,同时特别容易引起争议、让人产生困惑的问题,即人称问题。

对自然科学与工程技术领域的作者来说,基本上不用关注人称问题,因为这些领域的论文的摘要既可以使用第一人称写,又可以使用第三人称写。此外,在自然科学与工程技术领域,绝大部分期刊对论文摘要的要求和相关学位论文对摘要的要求是一致的,作者在高校学习的摘要写作知识基本可以同时满足学位论文和学术论文的写作需要。

对人文科学领域的作者来说,人称问题则是一个需要关注的问题——人文科学领域的期刊反复强调不能使用第一人称写论文摘要,因为这样写作主观性较强。为了尽可能地避免主观性太强,大多数人的处理方法是使用第三人称写摘要,凸显客观性,但是部分人文科学领域的期刊极端地提出最好也不要使用第三人称写摘要的要求,即摘要写作最好不使用人称。在本章第三部分,我们选取的人文社会科学思辨论文的摘要就是未使用人称的实例——摘要范文中没有"本文""本研究"等类似的主语,使用以论文中的某个主题或对象为主语的方式,解决了人称问题。

对社会科学领域的作者来说,人称问题也需要关注。社会科学领域的论文写作既会受人文传承的影响，又会受科学主义的影响，这导致很多作者无法确定是否应该使用第三人称写摘要。目前的趋势性选择是写社会科学领域的论文的摘要时尽量不使用人称，因为不使用人称是最彻底的避免主观性太强的写作方法。

与自然科学与工程技术领域的论文写作不同的是，在人文社会科学领域，学位论文的摘要写作要求与学术论文的摘要写作要求是有差别的，甚至同样是学术论文，不同期刊的要求是不同的；同样是学位论文，不同高校、不同导师的要求是不同的。

总之，摘要写作的要求非常多、非常复杂，大家需要具体问题具体分析。

三 摘要逻辑的范文分析

以一篇自然科学与工程技术实验论文的摘要和一篇人文社会科学思辨论文的摘要为例，分别进行摘要逻辑的范文分析。

（一）自然科学与工程技术实验论文的摘要逻辑

以刊登在 2023 年第 4 期《中国科学：技术科学》上的《基于电喷印集成制造阵列化嵌金属电极柔性微流体管道》为例。

微流控芯片在生物、化学、医学等领域受到了研究者们的广泛关注，尤其是含有金属电极的微流体管道在毛细电泳、电化学微量检测、生物医学工程和柔性电子领域具有广泛的需求前景。文章提出了一种简单按需制备阵列化嵌金属电极柔性微流体管道的方法，该方法基于电喷印直写技术并结合翻模和湿法刻蚀工艺，实现了嵌金属电极柔性微流体管道阵列的制备。首先，通过在线性转动接收基底上叠加直写聚乙烯醇（PVA）纤维，制备了可嵌入聚二甲基硅氧烷（PDMS）的表面光滑的线性凸起微结构（线宽为 $10\sim100\,\mu m$，高宽比可大于 1:2），并以此作为模板，实现了阵列化柔性微流体沟道的制造；其次，通过在平动接收基底上直写光刻胶作为保护层，并结合湿法刻蚀工艺，实现了在含有微流体沟道阵列的柔性基底上金属图案化导电电极（线宽低至 $5\,\mu m$）的灵活制造；最后，对通入不同浓度盐溶液的微流体管道进行电学测试，验证了其管道的导通性和金属电极的导电性。结果表明：基于电喷印的集成制造流程可以灵活、简单、高效、低成本地按需加工阵列化嵌金属电极柔性微流体管道，有望应用在生物医学工程和柔性电子等领域。

摘要范文的第一句话对应研究背景，第二句话对应研究内容，随后的"首先，……；其次，……；最后，……"对应研究发现，最后的"结果表明……"对应研究结论和研究价值。通过以上梳理，我们可以看到，摘要范文的要素是齐全的。

针对这篇摘要范文，我们可以进一步思考：摘要要素为什么要这样设置？研究背景为什么要写在研究发现的前面？是否可以不写研究背景？是否可以不写研究发现？最核心的摘要要素是哪个？是否可以删除其他摘要要素，只保留最重要的摘要要素？摘要要素之间的关系是怎样的？这些问题，涉及摘要要素背后的逻辑结构。

一般认为，研究背景的写作逻辑是导入逻辑，研究内容、研究发现的写作逻辑是分析逻辑，研究结论、研究价值的写作逻辑是导出逻辑。也就是说，虽然摘要简短，但是其写作仍然需要关注提出问题、分析问题、解决问题的三段式结构。在摘要要素之间，还有更细微的逻辑关系，比如，先有内容，后有观点；先有研究结果，后有研究价值，顺序不可以随意颠倒。

（二）人文社会科学思辨论文的摘要逻辑

以刊登在2023年第2期《中国文艺评论》上的《"诗本位"并非"诗画高低论"——中国古典诗画关系再探》为例。

中国古典诗画关系有一种"诗本位"现象，即以诗为中心探讨诗画关系。从文化层面而言，诗是中国艺术的文化高位乃历史实然，"诗性"成为中国艺术和文化的依归和标准，有时"诗性"甚至惯用为"情性"代名词，于是"诗性"就是主体维度的艺术本体论概念。从艺术层面而言，中国古典诗画关系是平等的，诗画艺术都在各自功能层面取长补短、相互借鉴，走向诗画融合，所以好的诗画作品兼具"写意和写实""写景和抒情"等功能,无有遮蔽。"诗画一律"是中国古典诗画关系的核心观念,"诗本位"现象并不妨碍诗画在艺术层面的平等,并且自觉走向"诗画融合"的中国艺术史发展潮流。

摘要范文的第一句话便提出了"诗本位"现象,这是研究主题;随后的"从文化层面而言,……"和"从艺术层面而言,……"是在分析问题;最后一句话,"'诗画一律'是中国古典诗画关系的核心观念,……"是研究结论。虽然该摘要范文更加简短,但是其导入、分析、导出的逻辑关系仍然是非常明确的——第一句话是导入,中间内容是分析,最后一句话是导出。

Chapter 21
第二十一章

关键词的逻辑结构与范文分析

关键词是论文的核心提示词，其提炼需要围绕研究主题、研究问题和研究方法进行，确保有效传递信息并辅助读者完成内容检索。本章，我们详细介绍关键词写作的逻辑结构及有效性问题，并结合关键词实例进行关键词逻辑的范文分析。

一 关键词写作的逻辑结构

关键词是针对论文内容的最核心、最关键的提示词,通过阅读关键词,读者应该可以大致了解对应论文的内容。

怎样做才能让关键词起到这样的提示作用呢?关键词写作的逻辑与选题、标题写作、论文主体内容写作的逻辑是一样的,均围绕研究主题、研究问题和研究方法展开。

在初级教程中,我们介绍过,常见的关键词有主题关键词、问题关键词、方法关键词,此外,还有一种不太常见、较难提炼的关键词,即结论关键词,这些关键词之间有层层递进的关系——按照提出问题、分析问题、解决问题的顺序提炼,4种关键词由浅入深,依次为主题关键词、问题关键词、方法关键词、结论关键词。在本章第三部分的范文分析中,这一点可以得到验证。

二 关键词的有效性问题

无论是在自然科学与工程技术领域,还是在人文社会科学领域,论文写作需要面对一个普遍性问题——关键词是否"有效"。

如何提炼出真正有效的、能切实对读者起提示作用的关键词？这其实是一项颇有难度的工作。很多作者在写论文的时候觉得关键词是论文所有内容中最不重要的内容，相关提炼工作并不难，很可能是因为他们根本没有在提炼关键词方面用心，所提炼的关键词是无效的。

说起关键词的有效性，至少有如下三层含义。

其一，对作者而言，关键词能够有效传递论文中最重要的信息。

其二，对读者而言，关键词能够在文献检索与文献阅读方面提供有效的提示。

其三，对论文而言，关键词能够与论文中的相关要素形成有效互嵌。换句话说，主题关键词、问题关键词、方法关键词应该和论文选题中的研究主题、研究问题、研究方法有对应关系；结论关键词应该和论文主体部分的结果性要素有对应关系。比如，如果论文主体部分的落脚点是"关爱效应"，那么，结论关键词不可以是"关怀效应"。这不是用词是否准确的问题，而是每个关键词都要和论文中的相关要素正确对应的要求。实际上，在论文写作过程中，可能会有很多概念被延伸提及，作者必须时刻保持清醒，明确自己的论文的主题关键词、问题关键词、方法关键词和结论关键词，不要被延伸出的概念迷惑。

既然关键词如此重要，那么，如何提高关键词的有效性呢？可以从如下3个方面着手。

首先，严格按照关键词的必备类型提炼关键词，而不是盯着关键词的数量硬凑关键词。关键词的数量多为 3~8 个，但这并不意味着提炼出这个数量范围内的关键词就可以了，一般，主题关键词要提炼 2~4 个，甚至可以更多；问题关键词要提炼 1~2 个，注意，不能一个都没有；方法关键词可以提炼 0~2 个，即不提炼也没有问题；结论关键词不常见，如果打算提炼，提炼 1 个即可。

其次，尽量使用论文中的高频词汇作为关键词。比如，某论文的研究问题是"健康行为"，但是论文中频繁出现的相关词为"健康意愿"，此时，可以考虑同时将"健康意愿"和"健康行为"列为关键词。在实际写作过程中，研究主题、研究问题、研究方法都可能在论文主体部分有高频出现的上下级概念或平行概念，这种时候，可以酌情多列一些关键词。

最后，反复琢磨论文创新点的理论基础，以其为关键词，而非刻意追求创新性表达。提炼论文创新点的创新性表达是很难的，此时以其理论基础为着眼点，提炼难度会降低。比如，针对一篇量化研究论文中的一堆数据，如何提炼关键词？琢磨其理论基础会让相关工作变得简单很多。

三、关键词逻辑的范文分析

结合以下 4 篇论文的关键词进行关键词逻辑的范文分析。

第一篇论文是《广义齐次核重积分算子最佳搭配参数的等价条件及应用》（刊登于 2023 年第 5 期的《中国科学：数学》），关键词为广义齐次核；重积分算子；有界算子；算子范数；Hilbert 型不等式；最佳搭配参数；等价条件。

第二篇论文是《基于电喷印集成制造阵列化嵌金属电极柔性微流体管道》（刊登于 2023 年第 4 期的《中国科学：技术科学》），关键词为电喷印；柔性微流体管道；无掩膜制造；柔性图案化金属电极。

第三篇论文是《在线品牌社区用户参与价值共创的互动行为转换机制——基于扎根理论的研究》（刊登于 2023 年第 3 期的《信息资源管理学报》），关键词为在线品牌社区；用户互动；行为转换；价值共创；扎根理论。

第四篇论文是《配偶退休会改变中老年人的健康行为吗？——断点回归的经验证据与 Becker 利他主义的理论解释》（刊登于 2023 年第 5 期的《南开经济研究》），关键词为配偶退休；健康行为；利他主义；关爱效应；收入效应。

通过以上实例，我们可以看到，数学领域的论文《广义齐次核重积分算子最佳搭配参数的等价条件及应用》的关键词数量最多，有7个，其中，"广义齐次核""重积分算子"是主题关键词，"有界算子"是主题关键词的下位概念；"算子范数""Hilbert型不等式"是方法关键词；"最佳搭配参数"是问题关键词，"等价条件"是问题关键词的下位概念。工程技术领域的论文《基于电喷印集成制造阵列化嵌金属电极柔性微流体管道》有4个关键词，其中，"电喷印"是研究方法，"无掩膜制造"从属于"电喷印"，均属方法关键词；"柔性微流体管道"是研究主题，属主题关键词；"柔性图案化金属电极"是研究问题，属问题关键词。人文社会科学领域的论文《在线品牌社区用户参与价值共创的互动行为转换机制——基于扎根理论的研究》和《配偶退休会改变中老年人的健康行为吗？——断点回归的经验证据与Becker利他主义的理论解释》均有5个关键词，前者的关键词中，"在线品牌社区"和"用户互动"是主题关键词，"行为转换"和"价值共创"是问题关键词，"扎根理论"是方法关键词；后者的关键词中，"配偶退休"是主题关键词，"健康行为"是问题关键词，"利他主义"是方法关键词，因为这个词是对论文的理论解释，"关爱效应"和"收入效应"是论文的研究发现，即研究结论，属结论关键词。

总之，不管具体有几个关键词，绝大部分论文需要既满足关键词的数量为3~8个，又满足至少有三类关键词这两个条件。

Chapter 22

第二十二章

参考文献的逻辑结构与范文分析

参考文献的正确写作能体现论文的严谨性和专业性,其写作应与论文主体内容的写作同步,但其必须独立存在。本章,我们详细介绍参考文献写作的逻辑结构、参考文献的引用原则,并结合参考文献实例进行参考文献逻辑的范文分析。

一 参考文献写作的逻辑结构

参考文献的写作情况不仅能展示作者对其研究领域的了解程度，还能辅助读者评估论文的质量和作者的科研态度。因此，了解参考文献的存在意义，明确参考文献的写作顺序与独立性非常重要。

（一）参考文献的存在意义

参考文献的存在，体现着论文写作的严谨性和专业性。

在严谨性方面，如果不列明参考文献，或者参考文献的列示格式不规范，期刊编辑、审稿专家、答辩委员、论文读者很容易认为作者的科研态度不够端正。

在专业性方面，因为参考文献由专业文献组成，所以引用的参考文献的层次，在一定程度上反映着作者对自己深耕的研究领域的专业知识的掌握程度。

为什么很多期刊编辑、审稿专家、答辩委员审稿的时候会在看完论文标题和摘要后立刻翻阅参考文献部分呢？因为浏览论文对应的参考文献，可以判断作者是否有足够的知识积累。若参考文献的整理与列示漏洞百出，或几乎没有涉及相关领域的基本文献和关键文献，论文的写作质量应该不会很高。

实际写作中，有些作者会刻意在参考文献部分少列一些研究的问题与自己论文的研究问题高度相似的关键文献，怕列出这些文献会被质疑所写论文的创新性不足。其实不然，正确的处理方式应该是不但把相关关键文献一五一十地列入参考文献，而且清楚地论述自己的论文在这些关键文献的研究成果的基础上有什么新的研究结论。期刊编辑、审稿专家、答辩委员等人看到齐全的关键文献和详细的文献比较，不但不会怀疑对应论文的创新性不足，还极有可能认为作者对自己深耕的研究领域的专业知识掌握得非常扎实、全面。

（二）参考文献的写作顺序

参考文献的写作应该是与论文主体内容的写作同步的，即应该在论文主体内容的写作过程中，一边引用所需要的内容，一边列出参考文献。需要注意的是，切忌在完成论文主体内容的写作后才集中地整理、列示参考文献。在正式开始论文主体内容的写作之前，即在选题阶段，就要关注并积累相关文献。如果在论文主体内容的写作过程中增加了很多参考文献，最好一边写论文，一边标注引用，因为如果不在写作过程中及时标注引用，等论文基本写完了，很可能已经忘了某个引用出自何处了。

总之，养成一边写论文，一边标注引用的习惯，能减少很多不必要的麻烦。

（三）参考文献的独立性

参考文献是完全独立于所写论文的，标注引用，除了说明相关文献与对应内容的关联关系，没有任何其他作用。

正是因为参考文献有极强的独立性，所以参考文献整理、列示的完善、标准与否能成为期刊编辑、审稿专家、答辩委员等人判断论文质量好坏的依据之一。

二、参考文献的引用原则

参考文献有着独特的引用原则，具体而言，可以总结如下。

1. 自然出现

参考文献是在撰写论文主体内容时随着引用内容的增加而自然出现的，不可以编造参考文献，否则可能会出现学术不端等问题。

2. 与研究问题强相关

参考文献要与论文的研究问题相关，而且是强相关。注意，不管是什么领域的论文，与之研究问题相关的参考文献都有很多，要引用最相关的内容。

3. 充分支持作者的观点

作者选择参考文献的原因之一应该是能够根据目标文献的内容推导出自己的观点。换句话说，参考文献要能够为作者的观点提供充分支持。

4. 必然支持作者的观点

参考文献对作者的观点的支持应该是一种必然支持,即逻辑上具有唯一性——根据参考文献的内容,能够推导出某一观点,且无法推导出其他观点。

5. 发表时间较近

除了经典文献,参考文献应该主要为近10年,甚至近3年发表的新文献。具体而言,期刊一般建议论文作者在写学术论文时引用近3~5年发表的文献的内容,高校一般建议学生在写学位论文时引用近10年发表的文献的内容。如果发表时间太久远,相关内容原则上是不能引用的,除非是像马列经典著作那样的经典文献。

6. 具有层次性

选择参考文献时,可以有意识地选择不同身份的作者、不同级别的机构发表、出版的文献,体现引用的层次性。

7. 尽量全面

这里的"全面"指的是文献类型,即各研究领域内部的学术论文(包括学术期刊专业论文、会议论文、课程论文)、毕业前提交的学位论文、科技工程领域使用的科技报告都要尽量涉及。

8. 灵活

不同期刊、高校对论文的参考文献写作的要求是不同的,且参考文献的写作受学科差异、研究方法差异、作者写作习惯差异等多种因素的影响。具体写作时,作者既要遵守规范,又要不完全拘泥于规范,不断提高灵活处理相关问题的能力很重要。

三 参考文献逻辑的范文分析

以刊登在 2023 年第 5 期《南开经济研究》上的《配偶退休会改变中老年人的健康行为吗？——断点回归的经验证据与 Becker 利他主义的理论解释》的参考文献为例，分析参考文献的写作逻辑。

参考文献

[1] 董夏燕，臧文斌. 退休对中老年人健康的影响研究 [J]. 人口学刊，2017(1)：76-88.

[2] 杜凤莲，王文斌，董晓媛，等. 时间都去哪儿了？中国时间利用调查研究报告 [M]. 北京：中国社会科学出版社，2018.

[3] 封进，韩旭. 退休年龄制度对家庭照料和劳动参与的影响 [J]. 世界经济，2017(6)：145-166.

[4] 黄娅娜，王天宇. 退休会影响消费吗？——来自中国转型期的证据 [J]. 世界经济文汇，2016(1)：87-107.

[5] 贾男. 老龄化背景下退休对城镇家庭金融资产选择的影响——基于模糊断点回归设计 [J]. 统计研究，2020(4)：46-58.

[6] 李宏彬，施新政，吴斌珍. 中国居民退休前后的消费行为研究 [J]. 经济学（季刊），2015(1)：117-134.

[7] 雷晓燕，谭力，赵耀辉. 退休会影响健康吗？[J]. 经济学

（季刊），2010(4)：1539-1558.

[8] 张正东，李金珂，孟岭生.女性退休行为对配偶劳动供给的影响——基于中国强制退休政策的断点回归设计[J].经济学报，2017(4)：151-170.

[9] 赵绍阳，臧文斌，尹庆双.医疗保障水平的福利效果[J].经济研究，2015(8)：130-145.

[10] 邹红，栾炳江，彭争呈，等.退休是否会改变城镇老年人的健康行为？——基于烟酒消费的断点回归经验证据[J].南开经济研究，2018(6)：112-128.

从形式上看，参考文献的元素依次为作者姓名、文献标题、文献类型（用文献类型标识体现）、期刊名称、期刊的刊期及页码。注意，对学术论文来说，有的投稿期刊要求标注引用内容的刊登页码，有的投稿期刊不要求标注引用内容的刊登页码；有的投稿期刊只要求为刊登在期刊上的引用内容标注页码，有的投稿期刊要求不管引用内容是刊登在期刊上的内容还是专著，都要标注页码，各投稿期刊的具体要求是有差异的。

由实例可知，《配偶退休会改变中老年人的健康行为吗？——断点回归的经验证据与 Becker 利他主义的理论解释》的刊登期刊就只要求为刊登在期刊上的引用内容标注页码，如果引用内容出自专著，不需要标注页码——第二个参考文献就没有标注页码。

Chapter
23
第二十三章

附加信息的逻辑结构与范文分析

　　附加信息是论文的附属信息,但仍然需要谨慎对待。本章,我们详细介绍附加信息写作的逻辑结构、附加信息的写作技巧,并结合附加信息实例进行附加信息逻辑的范文分析。

一 附加信息写作的逻辑结构

理论上，附加信息是论文的附属信息。无论是对作者而言，还是对读者而言，附加信息都不应该成为判断论文写作质量的依据，更不会影响论文的写作质量。

不过，在实际工作中，学术论文的作者的学历、职称、所属单位，以及基金项目支撑情况等附加信息有时会成为期刊编辑判断论文写作质量的依据之一——即使他们也承认这些信息和论文写作质量没有直接关系。为什么会出现这种情况呢？因为投稿的作者很多，而各期刊每年刊登的论文数量有限，优秀的作者投递的有基金项目支撑的论文已经基本能够满足其刊登需求了。

对学位论文而言呢？附加信息，甚至包括附加信息的呈现形式，是可以在一定程度上体现作者的写作态度的。

因此，附加信息是论文写作中"不重要"但不得不"谨慎对待"的内容。

附加信息十分琐碎，很少有期刊、高校会对其呈现形式有明确、固定的要求，相关的逻辑要求也更多地体现在操作过程中，而不是形式上，甚至可以说，附加信息的逻辑要求和形式规范并没有明显的对应关系。比如，有的期刊不要求作者提供论文标题、摘要及关键词的英文版本；有的期刊不要求作者提供作者简介，只要求作者提供所属单位；而有的期刊不仅要求作者提供作者简介，而且要求作者将其写得非常详细。

二、附加信息的写作技巧

接下来，分别对学位论文与期刊论文的附加信息的写作技巧进行介绍。

（一）学位论文附加信息的写作技巧

对学位论文来说，严格按照学校关于学位论文的形式的要求认真对待附加信息的写作即可。虽然不同高校对学位论文的附加信息的写作要求是不同的，但是同一个高校的相关要求通常不会经常变化。

（二）期刊论文附加信息的写作技巧

对期刊论文来说，附加信息的写作有以下需要关注的要点。

其一，并非所有附加信息都由作者撰写，如文章编号、中图分类号、页码，是不需要在投稿之前标注的——如果提前标注，期刊编辑还需要进行删除处理，相当于增加了期刊编辑的工作量。因此，不要画蛇添足。

其二，附加信息可以有选择地呈现，且不同附加信息的呈现顺序可以灵活调整。比如，作者的所属单位比较好，就可以把单位简介写在论文主体内容的前面。如果作者的所属单位很普通，则建议把单位简介写在论文的最后面，以免编辑看完单位简介后就不继续往下看了。其他附加信息，如作者简介、课题基金等信息，同样可以根据实际情况进行有选择地呈现，并灵活调整呈现顺序。

其三，需要认真对待投稿信的写作。投稿信是被很多作者忽视的一个附加信息，但实际上，投稿信的写作对论文初审而言是非常重要的，高质量的投稿信能够体现作者对期刊编辑部的尊重。有的作者不仅不写投稿信，还一稿多投，将投稿论文群发送至多个期刊编辑部的收稿邮箱，这对论文刊登而言是有反作用的，如果被发现，还可能会被期刊编辑部列入黑名单。在形式上，投稿信一般包括作者研究基础、论文摘要与创新性、投稿期待等内容。具体而言，作者研究基础的写作目的是呈现作者的与论文相关的成果积累，如承担过什么课题、发表过什么论文；论文摘要与创新性的写作目的是帮助编辑抓取论文的创新点，提高论文的刊登概率；投稿期待的写作目的是呈现作者对论文的认真态度。总之，投稿信的写作具有很强的主观性，实际写作时，如何把握具体的措辞、怎么处理各附加信息的细节等都是值得关注的。

三 附加信息逻辑的范文分析

以刊登在 2019 年第 4 期《江苏高教》上的《偶像的黄昏：教师职业"道德赋值""去道德化"及其伦理困境》的附加信息为例，分析附加信息的写作逻辑。

偶像的黄昏：教师职业"道德赋值""去道德化"及其伦理困境

黄坤琦[1]，郑晓齐[1]，刘杰[2]

（1. 北京航空航天大学 人文社会科学学院，北京 100191；2. 葡萄牙国立米尼奥大学 文学院，布拉加 4710—188）

【摘要】在传统社会，"教师"身份被塑以"道德家"的形象，经历了一个漫长的道德赋值的历史过程。在现代社会，教师道德身份与教育身份的关系发生反转，教师职业"去道德化"趋势明显，这不仅削弱了教师职业的师道尊严，消解了社会对教师身份的"崇高想象"，也造成了教师职业伦理困境乃至职业危机。消解这一困境与危机，一方面需要教师在不逾越道德底线的前提下尽可能提高自身的德性修养，努力做到"为人师表"；另一方面也需要社会尊重教师道德发展的自由意志，鼓励但不强制教师追求高尚完美的德性，还教师身份的职业化样态。

【关键词】教师身份；教师道德；去道德化；伦理困境

【中图分类号】G645

【文章编号】1003—8418（2019）04—0058—06

【文献标志码】A

【DOI】10.13236/j.cnki.jshe.2019.04.008

【作者简介】黄坤琦（1984—），女，上海人，北京航空航天大学人文社会科学学院博士生；郑晓齐（1958—），男，山东高青人，北京航空航天大学人文社会科学学院教授、博士生导师、教育学博士；刘杰（1980—），男，云南昆明人，葡萄牙国立米尼奥大学文学院助理教授、博士后、文学博士。

由实例可知，在论文主体内容的前面（论文标题的后面），需要呈现作者姓名、作者所属单位、中图分类号、文章编号、文献标志码、DOI、作者简介等信息，这些信息均属于论文的附加信息。

Chapter 24 第二十四章

论文写作的逻辑分析

逻辑在论文写作中至关重要,包括朴素逻辑、形式逻辑、辩证逻辑等类型,其中,辩证逻辑最具抽象性和一般性,是其他逻辑的元逻辑。论文写作遵循"从实践中来,到实践中去,理论为实践服务"的逻辑,想撰写一篇优质论文,需要充分理解论文写作的第一逻辑,并在撰写初稿阶段和修改未定稿阶段合理运用该逻辑。

一 逻辑及其类型

逻辑在论文写作中扮演着至关重要的角色，是构建论文框架、展开论证、确保论文内容具有连贯性的基石。接下来，我们对朴素逻辑、形式逻辑、辩证逻辑进行重点介绍，并详细论述辩证逻辑的3个基本原则与5个维度。

（一）逻辑的类型

逻辑是思维的规律、规则，这里，我们重点介绍朴素逻辑、形式逻辑和辩证逻辑。

朴素逻辑是源自人们生活经验的、自发的、非系统化的逻辑，包括假设、逆向推理、逆向解释、近解释、类比等。

形式逻辑主要研究人在认识的感性阶段的思维规律，常见的形式逻辑是演绎逻辑和归纳逻辑。演绎逻辑是由一般到特殊的推理逻辑，典型的演绎逻辑是对应三段式结构的；归纳逻辑是从特殊到一般的推理逻辑，典型的归纳逻辑包括举例、假设检验等。

辩证逻辑主要研究人在认识的理性阶段的思维规律，常见的辩证逻辑是矛盾逻辑和对称逻辑。矛盾逻辑重点关注从感性认识上升到理性认识的阶段，包括分析与综合；对称逻辑重点关注人的整体思维逻辑，包括内容与形式、主体与客体、科学与客观等。

（二）辩证逻辑的 3 个基本原则与 5 个维度

辩证逻辑有 3 个基本原则，分别为对立统一原则、否定之否定原则、质量互变原则。与此同时，辩证逻辑有 5 个维度，分别为原因维度（内因、外因、根本原因、主要原因、次要原因）、主次维度（主次矛盾、主次方面）、一般—特殊维度、相对—绝对维度、整体—局部维度。使用矛盾分析方法分析事物和问题时，主要依据这 3 个基本原则和 5 个维度。

在所有逻辑形式中，辩证逻辑最具抽象性和一般性，是其他逻辑的元逻辑。

注意，在实际研究中，上位逻辑与下位逻辑往往是同时使用的，而且在很多时候，下位逻辑有其独特的使用优势。因此，不能因为辩证逻辑是较高级的逻辑形式，就放弃使用其他逻辑形式进行问题分析。

整体而言，论文写作是一个综合使用多种逻辑形式进行逻辑分析的过程，而论文写作的逻辑分析目的是明确从提出问题到得出结论的整个过程的思维规律，以便更好地指导论文写作实践。

二、论文写作的逻辑结构

论文写作的大逻辑是"从实践中来，到实践中去，理论为实践服务",接下来,我们详细拆解这一大逻辑。

(一) 论文写作的第一逻辑

论文写作的第一逻辑是理论(科学)与实践(客观)的对称循环。

论文写作的逻辑起点是实践现象,过程是理论研究,终点是回归实践,因此,论文写作的大逻辑是"从实践中来,到实践中去,理论为实践服务"。目前,随着论文写作及科学研究越来越复杂,已经出现了"为理论而理论,为研究而研究,从理论到理论"的不良倾向,这一点,需要我们高度警惕。

(二) 论文写作大逻辑的要素分析

论文的形式规范与逻辑步骤是基于"从实践中来,到实践中去,理论为实践服务"这一大逻辑设置的。论文写作包括实践起点、理论研究、回归实践三大逻辑环节。从研究与写作阶段的角度看,实践起点对应论文选题、理论研究对应论文写作、回归实践对应研究评价。从论文结构的角度看,实践起点对应引言(引言要从实践现象开始写)、理论研究对应主体、回归实践对应结论。从更微观的结构要素的角度看,引言中的"实践背景""文献综述""文献批评""研究问题"等要素,均是从实践起点导向理论研究的内容;主体部分的导入性要素(准备)、过程性要素(分析)、导出性要素(接轨)等,均属于理论研究内容;结论中的

"文献比较""实践价值""研究缺陷与未来方向"等要素,均是把理论研究导向实践的内容——此处的"实践"包括两种实践:一种是客观实践,另一种是主观实践("主观实践"指的是研究实践,对应的结构要素是"研究缺陷与未来方向";"实践价值"对应的是"客观实践")。

论文写作大逻辑的要素分析见表24-1。

表24-1 论文写作大逻辑的要素分析

逻辑环节	实践起点				理论研究			回归实践		
研究与写作阶段	论文选题				论文写作			研究评价		
论文结构	引言				主体			结论		
结构要素	实践背景	文献综述	文献批评	研究问题	导入性要素(准备)	过程性要素(分析)	导出性要素(接轨)	文献比较	实践价值	研究缺陷与未来方向
大逻辑	从实践中来				理论为实践服务			到实践中去		

三

论文写作的逻辑运用

因为逻辑本身是比较抽象、晦涩的,所以在论文写作中运用逻辑,需要从感性认识上升到理性认识。逻辑运用是需要反复练习的,因为论文写作是一种实践,所以论文写作领域的知识更多的是实践性知识。不同于理论性知识,对实践性知识来说,单纯的理论学习是没有办法很好地掌握的。

首先，充分理解论文写作的第一逻辑是写好论文的前提——如果无法在宏观上认识到论文写作和研究的起点和终点均是实践，很容易陷入从理论到理论、从抽象到抽象的误区，导致所写的论文无法成为一篇好论文。换句话说，一篇好论文，应该关注实践现象、解决实践问题，这种实践，包括研究实践。

其次，对论文的结构要素进行逻辑分析，有助于提高论文写作的自觉性，进而提高论文质量，因为如果只知其然，不知其所以然，很容易陷入"为理论而理论，为研究而研究，从理论到理论"的怪圈。此外，需要大家注意的是，在论文写作过程中，不应该过于注重写作技巧与写作形式，因为技巧是根据实践经验不断总结、提炼出来的，有持续更新、优化的特点，而形式有很突出的动态性、灵活性——单个结构要素是可以拆分呈现的，多个结构要素是可以合并呈现的。

再次，在撰写初稿阶段，不需要过多地考虑逻辑运用，因为论文初稿的写作目的是让论文符合标准，更多的是关注写作规范。到了修改未定稿阶段，才需要从逻辑层面入手审视论文，让论文在规范的前提下成为一篇优质论文。

最后，需要强调的是，非逻辑思维适合用于发现问题，逻辑思维适合用于分析问题，两者协同作用于论文写作。实际研究与写作过程中，面对很多有价值的研究问题，我们不仅需要运用朴素逻辑、形式逻辑，还会有很多非逻辑的思维过程，它们同时对论文写作起作用，能够帮助我们不断提高论文写作质量，让所写的论文更加符合论文写作规范。所谓"论文写作规范"，有两层含义：一个是形式规范，即各结构要素的写作规范；另一个是逻辑规范，即形式背后的"为什么"。论文写作的大逻辑，既决定着论文的形式规范，又决定着论文写作过程中的逻辑步骤。

Chapter

25

第二十五章

✒ 论文写作的批判性思维

在选题阶段,批判性思维能帮助我们确定研究主题、提出研究问题、选择研究方法、评估选题质量,并进行"理论—实践"循环的元分析;在写作阶段,批判性思维体现在论点、论据、论证的循环过程中,能帮助我们确保论文各部分内容的专业性、公共性与辩证统一。

一 思维与批判性思维

本节,在初步了解思维及其类型的基础上,我们需要对批判性思维有较全面、深入的了解。作为高阶思维形式,批判性思维对论文写作来说是至关重要的。批判性思维既是认知技能,又是情感特质,对应解释、分析、评估等具体技能,能推动、激发多种思维的运用。

(一)思维及其类型

人的认识有感性和理性两个阶段。认识的感性阶段包括感觉、直觉等;理性阶段包括概念、判断、推理等,即思维。

思维是人脑借助语言对事物的概括的、间接的反应,有3个显著特征,分别为概括性、间接性、与语言材料密切关联。具体而言,"对事物的概括的反应"指思维是对事物共同的本质属性的反映,"对事物的间接的反应"则指思维需要通过其他媒介认识并作用于客观事物,同时借助已有的知识、经验等去推测未知的事物。

思维的类型非常多,很难进行统一分类。常见的思维有归纳思维、演绎思维、创意思维、形象思维、逆向思维、直觉思维、顿悟思维、辩证思维等。这些思维彼此间是有联系的,比如,创意思维和形象思维的关联性非常强;再如,直觉思维和顿悟思维很难进行区分。

总之，对思维进行分类并不是一件容易的事，根据不同的分类标准，有不同的分类结果。

（二）批判性思维及其技能

批判性思维是需要大家在论文写作的过程中重点关注的一种思维。

批判性思维是一种理性的、反思性的思维，既是一种认知技能，又是一种情感特质。具体到论文写作中，批判性思维既是写论文所需要掌握的认知技能之一，又是论文作者本身具备的情感特质之一。我们经常会听到一种评价，即某作者身上充满了批判性，这是对该作者的情感特质的评价。若评价某作者的思维特别成熟、做科研或写论文非常让人放心，则是对该作者的认知技能的评价。

批判性思维对应的具体技能包括解释、分析、评估、推论、说明、纠偏等。运用批判性思维的具体方式有很多，比如，经典的苏格拉底的"质疑"；再如，美国教育家杜威的"反省"；又如，元认知，即对认知的认知——针对某事物，a、b、c可能有不同的认知，在这种情况下，a、b、c对目标事物的认知为"认知"，而如何认知a、b、c的认知为"元认知"；还如，布鲁姆的"高阶认知"。

批判性思维是所有认知思维中最高阶的思维，不仅可以推动归纳思维、演绎思维、辩证思维、逆向思维等思维的运用，还可以激发创意思维、形象思维、直觉思维、顿悟思维等思维。换句话说，批判性思维不仅可以推动逻辑思维的运用，还可以激发非逻辑思维。因此，在论文写作的过程中，进行思维发散的时候需要运用批判性思维，进行严谨的逻辑推理的时候也需要运用批判性思维。

二、选题阶段的批判性思维

在选题阶段，批判性思维的运用主要体现在以下5个方面。

第一，研究主题的确定。从日常现象出发，通过梳理自己的认识和经验，尝试将其导入理论层面。比如，在日常生活中观察到了某现象后，尝试对这种非逻辑的、非理性的现象进行思考，辅以对自己的认识和经验的梳理，将该现象导入理论层面。

第二，研究问题的提出。确定研究主题后，如何提出研究问题呢？可以通过逆向思考回归实践情境，捕捉问题的理论形态。

第三，研究方法的选择。评估目标研究问题与众多研究方法的适配性，选择最适合的研究方法做研究。

第四，选题质量的评估。评估是批判性思维对应的具体技能之一。对选题质量进行评估，即分阶段对研究主题、研究问题、研究方法等内容进行动态评估。

第五，"理论—实践"循环的元分析。论文选题的过程，是从实践入手寻找理论形态，或从理论出发寻找实践形态，在理论和实践的循环中进行元分析的过程。元分析能力越强，越容易提出高质量的研究问题、确定好的选题、写出优质的论文。因此，元分析技能是论文写作的必备技能之一。

三 写作阶段的批判性思维

写作阶段的批判性思维主要体现在论点、论据、论证的循环往复的过程中。具体而言，论文引言是对论文选题过程的还原；论文主体部分是对论文选题和论文引言的支撑，通过使用科学的研究方法进行分析和论证，证明论文选题确有研究意义、论文引言所言不虚；论文结论是对论文研究问题的回答，通常为创新性回答——好的研究问题和创新性回答是一篇论文成为高质量论文的前提。

我们都知道，在微观层面，针对具体的研究问题，有论点、论据和论证。实际上，在宏观层面，即对整篇论文而言，也有论点、论据和论证——论文选题可以是论点，论文结论也可以是论点；论文引言是论文选题的论据，论文主体部分则是论文引言的论据；论文主体部分的行文过程是论证的过程。

很多人不会区分论文选题和论文结论，不清楚是先有论点，再进行论证；还是先进行论证，再提炼论点。专家作者和新手作者对这个问题的认知是不同的，其具体写作方式也是不同的，在初级教程中，我们对相关情况进行过详细说明，此处不再赘述。

除了在论文各部分内容的写作特点方面，在论文写作的其他方面，批判性思维的体现也很常见。比如，论文写作要呈现专业性与公共性、理性与感性、技术规范与公共关怀的辩证统一，这些辩证统一关系都是批判性思维的体现。再如，论文写作是"输入"与"输出"的循环上升，那么，是以输入为主还是以输出为主？是先输入还是先输出？专家作者和新手作者的研究与写作过程有很明显的差异，这是不同成熟程度的批判性思维的体现。

总之，批判性思维在论文选题与写作阶段的关注焦点集中于元认知，即始终站在读者的角度、用读者的视角对研究与写作的每一阶段的问题进行自我质疑、释疑与纠偏，最终写出能够获得读者认同的论文。

附录

论文写作能力(中级)试卷

一、判断题

判断题共10题,每题1分,共计10分。

1. 在选题阶段,我们需要重点考虑的要素之一是公共关怀,即关注公共性实践难题、理论困惑。(　　)

难易度:简单。

答案:正确。

答案解析:本题考核知识点为"选题阶段的公共关怀"。在选题阶段,我们需要重点考虑的要素之一是公共关怀,即关注公共性实践难题、理论困惑。

2. 新手作者的学术研究基础扎实,写论文时要着力于呈现自己的学术观点的独到与创新。(　　)

难易度:简单。

答案:错误。

答案解析:本题考核知识点为"不同作者的写作差异"。新手作者的特点是学术研究基础不扎实,写作重心不应该放在呈现自己的学术观点的独到与创新上,而应该放在科学求证的过程上,即以向读者、编辑、老师呈现自己论文写作的规范与严谨为重点。

3. 论文选题单一要素的动态性体现为研究主题的逐步明确、研究问题的逐步提出和研究方法的逐步选择。（ ）

难易度：普通。

答案：正确。

答案解析：本题考核知识点为"论文选题的动态性"。论文选题单一要素的动态性体现为研究主题的逐步明确、研究问题的逐步提出和研究方法的逐步选择。

4. 研究主题是选题的基本要素之一，既可以是理论概念，又可以是生活现象。（ ）

难易度：普通。

答案：正确。

答案解析：本题考核知识点为"研究主题的确定"。研究主题是选题的基本要素之一，既可以是理论概念，又可以是生活现象。

5. 研究方法是选题的核心要素，堪称选题的"心脏"。（ ）

难易度：简单。

答案：错误。

答案解析：本题考核知识点为"论文选题的实操过程"。研究问题是选题的核心要素，堪称选题的"心脏"；研究方法是选题的支撑要素，是选题的"骨骼"。

6. 研究问题必须有较强的实践性，必须是实践问题。（ ）

难易度：普通。

答案：错误。

答案解析：本题考核知识点为"研究问题的性质"。研究问题必须有较强的理论性，必须是理论问题，不能是实践问题。如果我们初步提出的研究问题是实践问题而非理论问题，那么，我们必须对该实践问题进行理论化提炼。

7. 在部分思辨论文，尤其是人文评论类思辨论文中，广泛使用形象思维。（ ）

难易度：偏难。

答案：正确。

答案解析：本题考核知识点为"思辨研究的主体思维"。在人文主义传统的长期影响下，部分思辨论文，尤其是人文评论类思辨论文中，形象思维（横向思维）的使用非常广泛。

8. 量化研究是基于形象思维的研究。（ ）

难易度：偏难。

答案：错误。

答案解析：本题考核知识点为"量化研究的主体思维"。量化研究是基于逻辑思维的研究，以演绎逻辑和归纳逻辑为主体逻辑。

9. 整体而言，质性研究要遵循演绎逻辑。（   ）

难易度：偏难。

答案：错误。

答案解析：本题考核知识点为"质性研究的主体思维"。整体而言，质性研究要遵循归纳逻辑。

10. 在质性研究中，资料往往是形象的，因此，形象思维对资料分析的影响无处不在。（   ）

难易度：偏难。

答案：正确。

答案解析：本题考核知识点为"质性研究"。在质性研究中，资料往往是形象的，因此，形象思维对资料分析的影响无处不在。

二、单选题

单选题共30题，每题1分，共计30分。

1. 在提出研究问题环节，我们需要（   ）。

  A. 选择研究方法

  B. 明确备选研究问题的价值

  C. 得出创新性研究结论

  D. 以上都不对

难易度：简单。

答案：B。

答案解析:本题考核知识点为"研究问题的提出"。提出有价值的研究问题是有效研究与写作的重要环节。虽然在论文写作过程中,选择研究方法和得出创新性研究结论也很重要,但它们不属于提出研究问题环节。

2. 在选题阶段,要想解决论文的学术性问题,我们需要( )。

    A. 完成实践问题的理论化

    B. 明确技术性写作过程

    C. 提高语言表达水平

    D. 以上都不对

难易度:普通。

答案:A。

答案解析:本题考核知识点为"选题的学术立场"。通过完成实践问题的理论化,研究者可以确保其研究不仅有理论价值,而且有实践意义。明确技术性写作过程、提高语言表达水平不是选题阶段需要重点考虑的问题,也不直接解决论文的学术性问题。

3. 在撰写初稿阶段,使用专业知识的主要目的是( )。

    A. 为选题提供支持

    B. 解释理论问题、解决实践难题

    C. 提高语言表达水平

    D. 完善推理逻辑

难易度：普通。

答案：B。

答案解析：本题考核知识点为"撰写初稿阶段的专业知识"。专业知识能帮助研究者更准确地解释理论问题、解决实践难题，同时为读者提供深刻的见解和有用的信息。为选题提供支持、提高语言表达水平和完善推理逻辑不是在撰写初稿阶段使用专业知识的主要目的。

4. 以下选项不是论文写作的隐性要素的是（ ）。

　　A. 研究问题

　　B. 公共关怀

　　C. 语言表达

　　D. 逻辑推理

难易度：普通。

答案：A。

答案解析：本题考核知识点为"论文写作的隐性要素"。论文写作的隐性要素包括公共关怀、语言表达、逻辑推理等。研究问题不是论文写作的隐性要素，而是论文写作的显性要素。

5. 在修改未定稿阶段，逻辑推理主要用于（ ）。

　　A. 确保论证过程严谨、规范

　　B. 为选题提供支持

C. 为技术性写作提供支持

D. 解释理论问题

难易度：偏难。

答案：A。

答案解析：本题考核知识点为"逻辑推理在修改未定稿阶段的作用"。逻辑推理需要在修改未定稿阶段得到强化和明确，以提高论文的说服力和准确性。在修改未定稿阶段，逻辑推理主要用于确保论证过程严谨、规范。为选题、技术性写作提供支持不属于修改未定稿阶段；解释理论问题贯穿整个论文写作与修改过程，但不是逻辑推理的作用。

6. 以下不是撰写初稿阶段的核心工作的是（　　）。

A. 定好论文的形式结构

B. 定好论文的逻辑要素

C. 优化学术语言的表达

D. 使用正确的研究方法进行技术性写作

难易度：普通。

答案：C。

答案解析：本题考核知识点为"撰写初稿阶段的核心工作"。优化学术语言的表达不是撰写初稿阶段的核心工作，而是修改未定稿阶段的核心工作。定好论文的形式结构与逻辑要素、使用正确的研究方法进行技术性写作都是撰写初稿阶段的核心工作。

7. 修改未定稿阶段的重心是（　　）。

A. 明确论文的形式结构

B. 提高语言表达水平、完善推理逻辑

C. 优化选题

D. 选择研究方法

难易度：简单。

答案：B。

答案解析：本题考核知识点为"修改未定稿阶段的重心"。修改未定稿阶段的重心是提高语言表达水平、完善推理逻辑。在这个阶段，作者需要对初稿进行仔细审查，确保论文内容正确、严谨。明确论文的形式结构、优化选题和选择研究方法一般发生在修改未定稿阶段之前。

8. 对学术积累不足的新手作者而言，论文写作的长期策略是（　　）。

A. 专注于研究，厚积薄发

B. 尝试仿写

C. 反复修改、优化论文初稿

D. 忽视研究，直接写作

难易度：偏难。

答案：A。

答案解析：本题考核知识点为"新手作者进行论文写作的长期策略"。对学术积累不足的新手作者而言，论文写作的长期策略是专注于研究，厚积薄发。这一策略强调多做研究、多读文献、多积累材料的重要性，要求新手作者先将知识储备和研究经验丰富到一定程度，再计划着写论文。尝试仿写和反复修改、优化论文初稿属于论文写作的短期策略；忽视研究，直接写作是不可取的。

9. 对学术积累不足的新手作者而言，在着手进行论文写作之前应该（   ）。

　　A. 学习、掌握论文写作的形式规范

　　B. 尝试仿写，关注范文的写作形式与细节逻辑

　　C. 专注于论文的格式和结构

　　D. 不需要进行任何准备

难易度：普通。

答案：A。

答案解析：本题考核知识点为"短期策略之写作前准备"。在新手作者进行论文写作的短期策略中，写作之前，应该重点学习、掌握论文写作的形式规范。尝试仿写，关注范文的写作形式与细节逻辑发生在论文写作过程中；专注于论文的格式和结构、不需要进行任何准备都不是正确的态度。

10. 对学术积累不足的新手作者而言，在论文写作过程中应该（   ）。

　　A. 尝试仿写，关注范文的写作形式与细节逻辑

B. 重点关注自己的研究基础

C. 放弃对论文写作的形式规范的重视

D. 放弃对范文的研究

难易度：普通。

答案：A。

答案解析：本题考核知识点为"短期策略之写作过程"。在新手作者进行论文写作的短期策略中，尝试仿写，关注范文的写作形式与细节逻辑是非常必要的。通过仿写，新手作者可以更快地理解和掌握论文写作的形式规范。重点关注自己的研究基础不属于论文写作的短期策略；放弃对论文写作的形式规范的重视和放弃对论文的研究都是不可取的。

11. 对学术积累不足的新手作者而言，在论文修改过程中应该（　　）。

A. 反复修改、优化，不断提高论文的写作质量

B. 一次性完成所有修改

C. 忽略小错误和细节问题

D. 仅修改严重的、明显的错误

难易度：普通。

答案：A。

答案解析：本题考核知识点为"短期策略之论文修改"。在新手作者进行论文写作的短期策略中，论文应该经过反复修改、优化，以便不断提高写作质量。一次性完成所有修改，忽略小错误

和细节问题,仅修改严重的、明显的错误都不利于论文写作质量的提高。

12. 论文写作阶段的批判性思维主要体现在(　　)。

　　A. 研究问题的提出方面

　　B. 研究方法的选择方面

　　C. 选题质量的评估方面

　　D. 论点、论据、论证的循环往复的过程中

难易度:偏难。

答案:D。

答案解析:本题考核知识点为"论文写作阶段的批判性思维"。在论文写作阶段,批判性思维主要体现在论点、论据、论证的循环往复的过程中。论文选题阶段的批判性思维体现在研究问题的提出、研究方法的选择、选题质量的评估等方面。

13. 在选题阶段,公共关怀的表现形式是(　　)。

　　A. 关注公共性实践难题、理论困惑

　　B. 选择合适的研究方法

　　C. 得出创新性研究结论

　　D. 无明确表现形式

难易度:普通。

答案:A。

答案解析：本题考核知识点为"论文写作的隐性要素"。在选题阶段，公共关怀的表现形式是关注公共性实践难题、理论困惑。选择合适的研究方法与公共关怀无关；得出创新性研究结论不属于选题阶段。

14. 在论文写作过程中，对技术过程的考虑主要发生在（　　）。

A. 选题阶段

B. 撰写初稿阶段

C. 修改未定稿阶段

D. 投稿阶段

难易度：偏难。

答案：B。

答案解析：本题考核知识点为"论文写作的隐性要素"。对技术过程的考虑主要发生在撰写初稿阶段——在撰写初稿阶段，研究者需要使用各种技巧和方法来清晰、准确地表述思想和观点。选题阶段和修改未定稿阶段的核心要素都不是技术过程，投稿阶段更与技术过程无关。

15. 强调论文写作的形式结构主要在（　　）。

A. 选题阶段

B. 撰写初稿阶段

C. 修改未定稿阶段

D. 投稿阶段

难易度：普通。

答案：B。

答案解析：本题考核知识点为"论文初稿的撰写"。论文写作的形式结构主要在撰写初稿阶段被强调。选题阶段基本不涉及论文写作的形式结构；修改未定稿阶段的重心是专业知识的勘误、学术语言表达的优化、逻辑推理的严谨化；到了投稿阶段，已经不再特别关注论文写作的形式结构这种基础要素了。

16. 以下不属于优质论文的质量要求的是（　　）。

    A. 有创新性结论

    B. 关注公共关怀

    C. 有标准、规范的格式

    D. 使用复杂的语言

难易度：普通。

答案：D。

答案解析：本题考核知识点为"优质论文的质量要求"。优质论文的质量要求包括使用清晰、简洁的语言，有创新性结论，关注公共关怀，有标准、规范的格式等。使用复杂的语言不是优质论文的质量要求之一，优质论文应该使用清晰、简洁的语言表述复杂的观点和信息。

17. "文献先行"常出现在（　　）。

　　A. 论文写作的常见过程中

　　B. 论文写作的规范过程中

　　C. 修改未定稿阶段

　　D. 论文发表后

难易度：普通。

答案：A。

答案解析：本题考核知识点为"文献先行"。"文献先行"常出现在论文写作的常见过程中，甚至是贯穿论文写作的常见过程的。在论文写作的规范过程中，检索并阅读文献的针对性很强，仅出现在面对答案不明的细节问题时。

18. 在论文写作过程中，涉及"输入"与"输出"的循环的是（　　）。

　　A. 研究问题的提出

　　B. 研究方法的选择

　　C. 选题质量的评估

　　D. 写作阶段的批判性思维的运用

难易度：偏难。

答案：D。

答案解析：本题考核知识点为"输入—输出循环与批判性思维"。输入—输出循环指在论文写作过程中，作者运用批判性思维持续输入和输出知识,不断将研究和阅读所得(输入内容)转化为写作成果(输出内容)。在这一循环过程中运用批判性思维有助于作者及时进行自我反思和改进。

19. 对未准备充分的新手作者而言,论文写作的短期策略是( )。

 A. 忽视研究,直接写作

 B. 多做研究、多读文献、多积累材料

 C. 学习、掌握论文写作的形式规范,尝试仿写,关注范文的写作形式与细节逻辑

 D. 直接放弃写作

难易度:普通。

答案:C。

答案解析:本题考核知识点为"新手作者进行论文写作的短期策略"。对未准备充分的新手作者而言,学习、掌握论文写作的形式规范,尝试仿写,关注范文的写作形式与细节逻辑,有助于快速充实知识积累、提高写作水平。忽视研究,直接写作可能导致论文质量低下;多做研究、多读文献、多积累材料属于论文写作的长期策略;直接放弃写作是不可取的。

20. 在研究方法的选择过程中,需要评估( )。

 A. 意向研究方法是否与目标研究问题适配

 B. 使用意向研究方法能否还原选题过程

C. 使用意向研究方法能否回答目标研究问题

D. 意向研究方法是否支持输入与输出的循环

难易度：简单。

答案：A。

答案解析：本题考核知识点为"研究方法与研究问题的适配性"。在研究方法的选择过程中，需要评估意向研究方法与目标研究问题的适配度，最终选择的研究方法必须能够有效地解决目标研究问题。对选题过程的还原在引言写作阶段发生，对目标研究问题的回答在结论写作阶段发生，输入与输出的循环主要在论文主体内容的写作阶段发生。

21. 对论文写作来说，语言表达的重要性体现在（　　）。

A. 选题阶段

B. 撰写初稿阶段

C. 修改未定稿阶段

D. 所有阶段

难易度：普通。

答案：D。

答案解析：本题考核知识点为"论文写作的语言表达"。清晰、准确的语言表达在论文写作的所有阶段都是非常重要的。

22. 逻辑推理在论文写作中的主要作用是（　　）。

A. 为选题提供支持

B. 指导研究方法的选择

C. 确保论证过程严谨、规范

D. 没有重要作用

难易度：普通。

答案：C。

答案解析：本题考核知识点为"论文写作中的逻辑推理"。逻辑推理在论文写作中的主要作用是确保论证过程严谨、规范——有效的逻辑推理是确保论文观点无误且能够令人信服的关键。为选题提供支持和指导研究方法的选择不是逻辑推理在论文写作中的主要作用。

23. 在论文写作中，"关注公共性的实践难题、理论困惑"主要体现在（　　）。

A. 选题阶段

B. 撰写初稿阶段

C. 修改未定稿阶段

D. 投稿阶段

难易度：普通。

答案：A。

答案解析：本题考核知识点为"选题阶段的公共关怀"。在选题阶段，需要特别关注公共性实践难题、理论困惑，以吸引更多的读者。

24. 在撰写初稿阶段，解释理论问题、解决实践难题主要依靠（　　）。

  A. 公共关怀和学术立场

  B. 专业知识（专业理论与专业方法）

  C. 逻辑推理和语言表达

  D. 以上所有内容

难易度：偏难。

答案：B。

答案解析：本题考核知识点为"论文写作的隐性要素"。专业知识能为作者撰写初稿提供解释理论问题、解决实践难题所需要的专业理论和专业方法。公共关怀、学术立场、逻辑推理和语言表达都属于论文写作的隐性要素，但不是解释理论问题、解决实践难题的主要依靠。

25. 修改未定稿阶段应主要关注（　　）。

  A. 选题和研究方法

  B. 语言表达和逻辑推理

  C. 公共关怀和学术立场

  D. 论文写作的形式规范

难易度：简单。

答案：B。

答案解析：本题考核知识点为"修改未定稿阶段的核心工作"。在修改未定稿阶段，应主要关注语言表达和逻辑推理，确保论文的语言表达清晰、准确，逻辑连贯。对选题、研究方法、公共关怀和学术立场的关注应发生在论文写作之前，对论文写作的形式规范的关注应发生在撰写初稿阶段。

26. 专业知识起主要作用的阶段是论文写作的（　　）。

  A. 选题阶段

  B. 撰写初稿阶段

  C. 修改未定稿阶段

  D. 投稿阶段

难易度：简单。

答案：B。

答案解析：本题考核知识点为"论文写作的隐性要素"。对论文写作来说，专业知识主要在撰写初稿阶段居核心地位——在这一阶段，作者需要依托其专业知识构建论文框架、推动论文写作。专业知识在选题阶段、修改未定稿阶段和投稿阶段也很重要，但在撰写初稿阶段起着主要作用。

27. 在论文写作中，技术过程（技术性写作）最为关键的阶段是（　　）。

  A. 选题阶段

B. 撰写初稿阶段

C. 修改未定稿阶段

D. 以上都不是

难易度：简单。

答案：B。

答案解析：本题考核知识点为"论文写作的隐性要素"。技术过程在撰写初稿阶段最为关键，此阶段要求作者依托理论框架与研究方法进行技术性写作。在选题阶段、修改未定稿阶段，技术过程都不是最关键的要素。

28. 在撰写初稿阶段，技术过程的完成主要依托（　　）。

A. 语言表达和逻辑推理

B. 公共关怀和学术立场

C. 理论框架与研究方法

D. 文献的充足与思考的深入

难易度：普通。

答案：C。

答案解析：本题考核知识点为"撰写初稿阶段的技术过程"。在撰写初稿阶段，我们要重点考虑的要素之一是技术过程，即依托理论框架与研究方法进行技术性写作。语言表达、逻辑推理、公共关怀、学术立场，以及文献的充足与思考的深入都不直接支撑技术过程的完成。

29. 在修改未定稿阶段,应该重点关注( )。

A. 研究方法

B. 语言表达和逻辑推理

C. 专业知识和技术过程

D. 公共关怀和学术立场

难易度:普通。

答案:B。

答案解析:本题考核知识点为"修改未定稿阶段的重点工作"。在修改未定稿阶段,应该重点关注语言表达和逻辑推理:提高语言表达水平,做到理性和感性兼具;完善推理逻辑,确保论证过程严谨、规范。对研究方法、公共关怀和学术立场的关注主要发生在选题阶段,对专业知识和技术过程的关注主要发生在撰写初稿阶段。

30. 研究问题的提出不需要( )。

A. 逆向思考

B. 选择研究方法

C. 评估备选研究问题的创新潜力

D. 关注元认知

难易度:偏难。

答案:B。

答案解析:本题考核知识点为"研究问题的提出"。逆向思考可

> 以帮助研究者站在新的角度思考、定义研究问题；选择研究方法多在提出研究问题之后；评估备选研究问题的创新潜力是提出研究问题前最为重要的操作；元认知是对认知的认知，关注元认知对提出研究问题来说是至关重要的。

三、多选题

多选题共30题，每题2分，共计60分。

1. 论文写作的两个必要阶段是（　　）。

  A. 撰写初稿阶段

  B. 审改初稿阶段

  C. 修改未定稿阶段

  D. 修改定稿阶段

  E. 定稿阶段

难易度：普通。

> 答案：AC。

> 答案解析：本题考核知识点为"论文写作的两个必要阶段"。论文写作包括两个必要阶段，即撰写初稿阶段和修改未定稿阶段。

2. 论文写作的显性要素包括（　　）。

  A. 研究问题

  B. 研究方法

  C. 研究结论

D. 研究主题

E. 研究领域

难易度：简单。

答案：ABC。

答案解析：本题考核知识点为"论文写作的显性要素"。论文写作的显性要素包括研究问题、研究方法、研究结论。

3. 论文写作的隐性要素包括（　　）。

A. 公共关怀

B. 学术立场

C. 专业知识

D. 技术过程

E. 语言表达和逻辑推理

难易度：普通。

答案：ABCDE。

答案解析：本题考核知识点为"论文写作的隐性要素"。论文写作的隐性要素包括公共关怀、学术立场、专业知识、技术过程、语言表达、逻辑推理。

4. 新手作者的写作策略包括（　　）。

A. 将写作重心放在科学求证的过程上

B. 向专家作者学习专业知识和研究方法

C. 将论文写作视为一个知识输入的过程

D. 将论文写作视为一个知识输出的过程

E. 向专家作者学习论文写作方法

难易度：偏难。

> 答案：ABC。
>
> 答案解析：本题考核知识点为"写作策略差异"。新手作者的写作策略包括将写作重心放在科学求证的过程上、向专家作者学习专业知识和研究方法、将论文写作视为一个知识输入的过程。

5. 论文写作的特点有（ ）。

A. 学术性

B. 世界性

C. 跨学科

D. 客观性

E. 以问题为中心

难易度：普通。

> 答案：ABCDE。
>
> 答案解析：本题考核知识点为"论文写作的特点"。论文写作有学术性、世界性、跨学科、客观性的特点，写作时应该以问题为中心，同时坚持政治性与学术性、价值性与知识性、建设性与批判性、理论性与实践性的统一。

6. 论文选题的基本要素包括（　　）。

   A. 研究主题

   B. 研究问题

   C. 研究方法

   D. 研究结论

   E. 研究视角

难易度：简单。

答案：ABC。

答案解析：本题考核知识点为"论文选题的基本要素"。论文选题的基本要素包括研究主题、研究问题、研究方法。

7. 研究主题的常见来源包括（　　）。

   A. 文献阅读

   B. 生活／工作经验

   C. 专业交流

   D. 他人命题

   E. 媒体资讯

难易度：简单。

答案：ABCDE。

答案解析：本题考核知识点为"研究主题的来源"。研究主题的常见来源包括文献阅读、生活／工作经验、专业交流、他人命题、媒体资讯等。

8. 确定研究问题的步骤包括（　　）。

　　A. 研究主题的明确

　　B. 确定研究问题的形态

　　C. 找到创新性链接

　　D. 查阅文献

　　E. 研究方法的选择

难易度：普通。

答案：ABC。

答案解析：本题考核知识点为"确定研究问题的步骤"。确定研究问题的步骤包括研究主题的明确、确定研究问题的形态、找到创新性链接。

9. 思辨研究的思维方式一般包括（　　）。

　　A. 逻辑思维

　　B. 形象思维

　　C. 批判性思维

　　D. 纵向思维

　　E. 横向思维

难易度：偏难。

答案：ABCDE。

答案解析：本题考核知识点为"思辨研究的思维方式"。思辨研究的思维方式一般包括逻辑思维（纵向思维）、形象思维（横向思维)、批判性思维等。

10. 常见的思辨研究方法有( )。

A. 比较研究方法

B. 综述研究方法

C. 史料考证研究方法

D. 人文评论研究方法

E. 民族志研究方法

难易度：普通。

答案：ABCD。

答案解析：本题考核知识点为"思辨研究方法"。常见的思辨研究方法有比较研究方法、综述研究方法、史料考证研究方法、人文评论研究方法等。民族志研究方法属于质性研究方法。

11. 以下选题要素实例中，正确的有( )。

A. 研究主题：员工建言行为

B. 研究问题：员工建言的质量

C. 研究方法：扎根理论、量表开发与检验

D. 选题表述：《基于扎根理论的员工建言质量研究：内容结构、测量与作用机制》

E. 以上都不对

难易度：普通。

答案：ABC。

答案解析：本题考核知识点为"选题的要素"。《基于扎根理论的员工建言质量研究：内容结构、测量与作用机制》为论文标题而非选题表述。研究主题为"员工建言行为"，研究问题为"员工建言的质量"，研究方法为"扎根理论、量表开发与检验"均没有问题。

12. 关于使用比较研究方法研究、写作的思辨论文，表述正确的有（　　）。

A. 主体行文思维是逻辑思维

B. 写作过程中有时会用到形象思维

C. 多使用归纳逻辑提炼研究结论

D. 多基于形象思维进行整体研究设计

E. 以形象思维的使用为主，以逻辑思维的使用为辅

难易度：偏难。

答案：ABC。

答案解析：本题考核知识点为"比较研究方法的使用"。使用比较研究方法研究、写作的思辨论文往往先设置不同的对比维度，再在各维度内部展开分析，最后使用归纳逻辑提炼研究结论。整体上，相关论文的主体行文思维是逻辑思维，但具体到个别内容，有使用形象思维行文的可能性。

13. 关于使用史料考证研究方法研究、写作的思辨论文，表述正确的有（　　）。

  A. 提炼问题的时候多使用批判性思维

  B. 梳理时间线的时候多使用逻辑思维

  C. 进行史料考证的时候多使用形象思维

  D. 多基于形象思维进行整体研究设计

  E. 以上都不对

难易度：偏难。

> 答案：ABC。
>
> 答案解析：本题考核知识点为"史料考证研究方法的使用"。以史料考证为主要研究方法研究、写作的思辨论文整体上以逻辑思维中的归纳逻辑为主体逻辑，同时借助批判性思维进行研究。具体而言，研究、写作相关论文，提炼问题的时候多使用批判性思维、梳理时间线的时候多使用逻辑思维、进行史料考证的时候多使用形象思维。

14. 常见的量化研究方法有（　　）。

  A. 问卷调查法

  B. 回归分析法

  C. 实验法

  D. 数学模型法

  E. 民族志研究方法

难易度：普通。

答案：ABCD。

答案解析：本题考核知识点为"量化研究方法"。常见的量化研究方法有问卷调查法、回归分析法、实验法、数学模型法等。民族志研究方法属于质性研究方法。

15. 关于问卷调查法与回归分析法，表述正确的有（　　）。

A. 在选题阶段，作者的形象思维、批判性思维有着重要的作用

B. 在研究、写作阶段，需要逐步论证时，演绎逻辑开始发挥主要作用

C. 从研究结果的得出到研究结论的提炼，归纳逻辑很重要

D. 在选题阶段，也会用到逻辑思维

E. 结论部分的写作不需要使用归纳逻辑

难易度：偏难。

答案：ABCD。

答案解析：本题考核知识点为"量化研究方法"。问卷调查法与回归分析法都属于量化研究方法。在选题阶段，作者的形象思维、批判性思维有着重要的作用，逻辑思维居辅助地位。到了具体的研究、写作阶段，需要逐步论证时，演绎逻辑开始发挥主要作用。从研究结果的得出到研究结论的提炼，归纳逻辑很重要，结论部分的写作也需要使用归纳逻辑。

16. 常见的质性研究方法有（ ）。

　　A. 扎根理论

　　B. 案例研究方法

　　C. 民族志研究方法

　　D. 深度访谈研究方法

　　E. 调查问卷法

难易度：普通。

答案：ABCD。

答案解析：本题考核知识点为"质性研究方法"。常见的质性研究方法有扎根理论、案例研究方法、民族志研究方法、深度访谈研究方法等。调查问卷法属于量化研究方法。

17. 以下数据库，属于国内常用的综合性文献数据库的是（ ）。

　　A. 中国知网

　　B. 万方数据知识服务平台

　　C. 维普中文科技期刊数据库

　　D. 北大法宝

　　E. 百度翻译

难易度：简单。

答案：ABC。

答案解析：本题考核知识点为"国内常用的综合性文献数据库"。国内常用的综合性文献数据库包括中国知网、万方数据知识服务平台、维普中文科技期刊数据库等，北大法宝属于专业的文献数据库，百度翻译不是文献数据库。

18. 以下数据库，属于国外常用的综合性数据库的是（　　）。

　　A. Web of Science

　　B. ACM

　　C. ACS

　　D. Scopus

　　E. Cell Press

难易度：简单。

答案：AD。

答案解析：本题考核知识点为"国外常用的综合性数据库"。国外常用的综合性数据库有 Web of Science、Scopus 等，Cell Press、ACM、ACS 属于专业数据库。

19. 论文重复率高的常见原因有（　　）。

　　A. 主观恶意抄袭

　　B. 引用不当

　　C. 表述重复

　　D. 原创内容较少

　　E. 以上都不对

答案：ABCD。

答案解析：本题考核知识点为"文献引用、查重与降重"。论文重复率高的常见原因有主观恶意抄袭、引用不当、表述重复、原创内容较少等。

20. 引言的功能包括（   ）。

    A. 还原选题过程，展现选题价值

    B. 呈现研究设计，论证研究科学性

    C. 逻辑层层递进，引导读者阅读

    D. 呈现研究过程及其科学性

    E. 以上都正确

难易度：普通。

答案：ABC。

答案解析：本题考核知识点为"引言的功能"。引言的功能有还原选题过程，展现选题价值；呈现研究设计，论证研究科学性；逻辑层层递进，引导读者阅读。呈现研究过程及其科学性是论文主体部分的写作目的。

21. 关于引言的要素，表述正确的有（   ）。

    A. "实践背景"用于引出研究主题

    B. "文献综述"用于将读者引向学术史

C. "文献批评"用于找到已有研究的缺陷

D. "前沿文献"用于呈现当前最新的研究趋势

E. "研究问题"用于指明研究的核心问题

难易度：普通。

答案：ABCDE。

答案解析：本题考核知识点为"引言的要素"。具体而言，"实践背景"用于引出研究主题，"文献综述"用于将读者引向学术史，"文献批评"用于找到已有研究的缺陷，"前沿文献"用于呈现当前最新的研究趋势，"研究问题"用于指明研究的核心问题。

22. 以下说法，正确的有（　　　）。

A. 引言的写作逻辑有学科差异、方法差异

B. 引言写作需要充分考虑选题逻辑和主体部分的写作逻辑

C. 论文写作大逻辑会影响引言要素的布局、详略

D. 引言写作会受作者写作习惯、期刊风格、学术传统等多种因素的影响

E. 引言的不同要素可以合并出现

难易度：普通。

答案：ABCDE。

答案解析：本题考核知识点为"引言的写作逻辑"。引言的写作逻辑有学科差异、方法差异；引言写作需要充分考虑选题逻辑和主体部分的写作逻辑；进行引言部分的写作时，需要在论文写作

大逻辑的框架下整体性地梳理引言逻辑，并据此动态安排引言要素的布局、详略；引言写作会受作者写作习惯、期刊风格、学术传统等多种因素的影响；在具体写作过程中，引言的不同要素可以合并出现。

23. 以下内容，属于量化研究论文主体部分的常见要素的是（　　）。

　　A. 文献综述、理论假设

　　B. 研究方法与理论模型

　　C. 数据来源与变量设置

　　D. 结果与讨论

　　E. 结果检验

难易度：普通。

答案：ABCDE。

答案解析：本题考核知识点为"量化研究论文的主体"。量化研究论文主体部分的常见要素有文献综述、理论假设、研究方法与理论模型、数据来源与变量设置、结果与讨论、结果检验。

24. 以下内容，属于论文结论的要素的是（　　）。

　　A. 内容概括

　　B. 观点提炼

　　C. 文献比较

　　D. 实践价值

E. 研究缺陷与未来方向

难易度：普通。

答案：ABCDE。

答案解析：本题考核知识点为"结论的要素"。论文结论有内容概括、观点提炼、文献比较、实践价值、研究缺陷与未来方向5个要素。

25. 以下关于标题的创新位移的层次关系的理解，正确的是（   ）。

A. 如果研究主题是创新的，可以没有对研究问题的说明

B. 如果研究主题无创新，研究问题要有创新

C. 如果研究主题与研究问题均无创新，研究方法要有创新

D. 如果研究主题、研究问题、研究方法均无创新，研究结论要有创新

E. 以上都不对

难易度：偏难。

答案：ABCD。

答案解析：本题考核知识点为"标题的创新性"。标题的创新位移的层次关系是如果研究主题是创新的，可以没有对研究问题的说明；如果研究主题无创新，研究问题要有创新；如果研究主题与研究问题均无创新，研究方法要有创新；如果研究主题、研究问题、研究方法均无创新，研究结论要有创新。

26. 判断关键词是否有效，应该重点关注（　　）。

A. 能否有效传递论文中最重要的信息

B. 能否在文献检索与文献阅读方面提供有效的提示

C. 能否与论文中的相关要素形成有效互嵌

D. 是否吸引眼球

E. 数量是否达标

难易度：偏难。

答案：ABC。

答案解析：本题考核知识点为"关键词的有效性"。判断关键词是否有效，应该重点关注关键词能否有效传递论文中最重要的信息、能否在文献检索与文献阅读方面提供有效的提示、能否与论文中的相关要素形成有效互嵌。

27. 以下内容，属于参考文献的引用原则的是（　　）。

A. 与研究问题强相关

B. 充分支持作者的观点

C. 必然支持作者的观点

D. 发表时间较近

E. 尽量全面

难易度：普通。

答案：ABCDE。

答案解析：本题考核知识点为"参考文献的引用原则"。参考文献的引用原则包括自然出现、与研究问题强相关、充分支持作者的观点、必然支持作者的观点、发表时间较近、具有层次性、尽量全面、灵活。

28. 关于附加信息的表述,正确的是( )。

　　A. 所有附加信息都由作者撰写

　　B. 附加信息可以有选择地呈现

　　C. 不同附加信息的呈现顺序可以灵活调整

　　D. 需要认真对待投稿信的写作

　　E. 在形式上,投稿信一般包括作者研究基础、论文摘要与创新性、投稿期待等内容

难易度:普通。

答案:BCDE。

答案解析:本题考核知识点为"附加信息的写作"。附加信息可以有选择地呈现,且不同附加信息的呈现顺序可以灵活调整。作者需要认真对待投稿信的写作,在形式上,投稿信一般包括作者研究基础、论文摘要与创新性、投稿期待等内容。需要注意的是,并非所有附加信息都由作者撰写。

29. 朴素逻辑包括( )。

　　A. 假设

　　B. 逆向推理

C. 近解释

D. 逆向解释

E. 类比

难易度：偏难。

答案：ABCDE。

答案解析：本题考核知识点为"朴素逻辑"。朴素逻辑包括假设、逆向推理、逆向解释、近解释、类比等。

30. 辩证逻辑包括（　　）。

   A. 矛盾逻辑

   B. 对称逻辑

   C. 演绎逻辑

   D. 归纳逻辑

   E. 形式逻辑

难易度：简单。

答案：AB。

答案解析：本题考核知识点为"辩证逻辑"。常见的辩证逻辑是矛盾逻辑和对称逻辑，演绎逻辑、归纳逻辑、形式逻辑均不属于辩证逻辑。